개벽으로 열리는
상생의 새 문명

개벽문화 북 콘서트 ✦ 부산편

개벽으로 열리는
상생의 새 문명

안경전 지음

거대한 변혁이 몰려온다
우리는 지금 어디로 가는가?

상생출판

본서는 안경전 종도사님이 2015년(道紀 145년) 10월 25일,
부산 벡스코BEXCO 컨벤션홀에서 열린 '개벽문화 북 콘서트'에서 강연하신 내용입니다.

다가오는 새 역사의 핵심 주제는 개벽입니다. 개벽은 병든 천지 질서가 거듭나는 재조정이자, 새로운 전환이며 희망의 소식입니다. 모든 동서 성자들이 개벽에 대해 내린 가르침의 결론에는 한 가지 공통점이 있습니다. '개벽기에는 우주의 아버지가 오신다'는 것입니다.

불교에서는 미래불인 미륵부처님 강세 소식으로, 기독교에서는 새 하늘 새 땅이 열리고 아버지 하느님이 인간 세상에 오셔서 만물을 새롭게 한다는 천국 소식이 그것입니다. 특히 1860년 음력 4월 5일 수운水雲 최제우崔濟愚(1824~1864) 대신사는 상제님으로부터 직접 가르침을 받고 인류에게 선언한 동학이 있습니다.

이번 '개벽문화 북 콘서트'(부산 편) 1부에서는 '개벽이란 무엇인가?'를 살펴보고 개벽문화의 근원인 개천사상을 알아볼 것입니다. 또한 현대문명에 대한 석학들의 진단과 영능력자들의 자연개벽 소식을 정리하고, 나아가 동서 성자들의 가르침의 결론인 개벽 이야기를 종교별로 알아봅니다.

2부에서는 인류 근대사의 출발점에서 선언된 동학과 한국문화사의 결론이자 근대사의 주제인 참동학 증산도의 개벽 이야기를 구체적으로 살펴볼 것입니다. 그리고 결론으로 우주 1년의 선후천 개벽을 통해 다가올 가을개벽에 대비하는 천지조화 태을주 수행법을 소개하겠습니다.

✦ Contents

제2부 ✦ 근대사의 문을 연 동학과 무극대도 증산도의 후천개벽 소식

개벽으로 열리는 상생의 새문명

거대한 변혁이 몰려온다 - 우리는 지금 어디로 가는가?

인류는 지금 어디로 가고 있는가?

천지간에 인간이 태어난 지 수백만 년, 좋은 세상을 향한 꿈과 열정으로 인류는 마침내 놀라운 문명을 이루었습니다. 그러나 대지진, 쓰나미, 화산 폭발, 홍수, 가뭄, 태풍과 같은 대재앙은 여전히, 오히려 갈수록 더 빈번하게 지구촌을 강타하고 있습니다.

인간 역사는 곧 전쟁의 역사라 해도 과언이 아닐 만큼 참혹한 전쟁은 끊이지 않았고, 오늘 이 순간에도 지구촌 곳곳에서 전쟁의 비극은 계속되고 있습니다. 듣도 보도 못한 질병과 역병이 엄습하고, 크고 작은 테러와 참사가 잇따르며 인류는 끝없는 고통에 시달립니다.

한편 인간의 문명은 숨 가쁘게 질주하는데 지구 생태계는 심각하게 무너지고, 수많은 사람들은 질곡 속에서 신음하고 있습니다. 사람들은 더 나은 세상을 꿈꾸지만 눈물과 비극이 사라지지 않는 이유는 과연 무엇일까요? 세계의 석학들, 정치 지도자들, 사회운동가

들은 인류가 처한 오늘의 현실을 진단하고 앞날에 대한 여러 혜안과 가르침을 내놓고 있습니다. 그러나 그 어떤 사상도, 철학도, 종교도 인류가 겪는 위기의 근본 원인과 앞으로의 전개 과정에 대해 선명한 해답을 제시하지 못하고 있습니다. 그렇다면 질주하는 현대 문명의 목적지는 어디이며, 인류의 내일은 과연 어떤 모습일까요? 이에 대한 명쾌한 해답이 백여 년 전, 우리 동방 땅에서 선포되었습니다. 바로 19세기 말에 전해진 '다시 개벽'의 소식, 그리고 그 꿈을 실현해 나가는 증산도의 무극대도 후천 개벽, 후천 선경에 대한 위대한 선언입니다.

오늘의 첨단 문명은 다가오는 후천 개벽의 대사건을 통해 후천 조화선경 문명으로 새롭게 태어날 것입니다. 현대 문명의 절정을 구가하는 오늘, 이 21세기에 왜 우리는 개벽문화, 후천 선경 문명에 눈을 떠야 할까요? 그 이유는 간단합니다. 바로 이 '개벽' 두 글자에 나와 인류의 운명, 그리고 지구촌의 미래가 모두 담겨 있기 때문입니다.

안경전 종도사님은 잃어버린 상고사의 의혹을 밝히고 근대사의 핵심 주제인 다시 개벽과 후천 개벽의 수수께끼를 풀기 위해 지난 수십 년 동안 동서양의 지구촌을 답사하며 동서고금의 개벽 이야기를 집요하게 추적해 오셨습니다. 그 결실이 『이것이 개벽이다』 상·하권이며, 개벽 이야기의 완결편인 『개벽 실제상황』, 그리고 어린이와 청소년도 이해할 수 있도록 정리한 『쉽게 읽는 개벽』과 『다이제스트 개벽』입니다.

개벽으로 열리는 상생의 새 문명

150여 년 전, 강증산 상제님이 이 동방 땅에서 직접 선언하신 후천 개벽의 전모와 후천 문명의 실체, 후천 지상 선경낙원의 새 소식을 담아낸 것이 바로 『이것이 개벽이다』와 『개벽 실제상황』입니다. 한국인은 시원 역사만을 잃은 것이 아니라 외세의 간섭과 자신의 무지로 근대사의 핵심마저 잃어버렸습니다. 이로 인해 한국 근대사의 진정한 출발점에서 밝히신 현대 문명의 화두, 후천 개벽의 참뜻은 제대로 알려지지 못하고 긴 세월 동안 숨겨져 있었습니다.

9천 년 전 인류 시원 역사로부터 근대사를 관통하는 문명의 중심 주제는 바로 '개벽'입니다. 그렇다면 개벽이 전하는 새 세상의 참뜻과 실상은 무엇일까요? 개벽 시대의 진리가 인류에게 던지는 궁극의 메시지는 무엇일까요? 후천 개벽 소식과 개벽 문화의 전 면모를 밝히고, 개벽으로 열리는 상생의 세상과 희망의 새 문명 이야기를 전하는 개벽문화 북 콘서트. 모든 것이 달라지는 이 개벽기에 참된 나로 거듭나는 후천 개벽 문화 탐험의 소중한 여정에 함께하지 않겠습니까? 이제 후천 개벽, 후천 선경의 새 소식에 눈 뜨고 다만 개벽에 대비하십시오.

개벽은 천지가 새로운 질서로 들어서는 거대한 전환입니다.
자연과 문명, 그리고 인간 자체가 새롭게 태어나는
삼대 개벽의 흐름이 이미 우리 앞에 다가와 있습니다.

그 뿌리는 개천으로부터 이어진 시원문화의 광명 정신에 있으며,
동서의 종교와 사상, 현대 석학들의 메시지도
이 변화의 도래를 한목소리로 증언합니다.

지금 우리는 인류 문명의 문턱에서 이 거대한 변화를 바라보고 있으며,
새로운 시대를 향해 깨어 있어야 할 때입니다.

제1부

진정한
새 문명 이야기,
개벽 탐험

✦ 개벽 탐험의 여정을 떠나며

결론은 역사 전쟁입니다. 역사 대전쟁입니다. 동북아의 역사문화 주도권 전쟁입니다. 이 동북아의 마지막 역사 주도권 전쟁의 중심 주제는 개벽입니다. 9천 년 한민족 역사의 중심 주제도 개벽입니다. 개벽은 다가오는 새 역사의 핵심 주제이기도 합니다.

잃어버린 상고사를 바로 세우기 위해 계속해 온 것이 '『환단고기桓檀古記』북 콘서트'라면, '개벽문화 북 콘서트'는 왜곡된 근대사의 주제를 바로잡아 새 희망의 역사를 여는 첫 발자국이라 할 수 있습니다.

한민족은 물론 지구촌 인류가 시원 창세 역사를 잃어버렸기 때문에 진정한 인류 근대사의 첫걸음이자 새 희망의 한 소식인 개벽이라는 주제가 왜곡되었습니다. 더욱이 고대사와 근대사가 동시에 왜곡되어 역사의 내일을 비출 수 있는 큰 지혜의 눈도 잃어버렸습니다.

개벽은 한국의 역사, 한국의 문화, 한국의 종교와 영성문화로 살펴보는 우리들의 진정한 새 문명 이야기입니다. 그래서 우리가 오늘 이 자리에 모여서 자연과 문명과 인간의 새로운 탄생 이야기, 지구촌 인류의 미래를 조망하는 새 문명 이야기, 개벽을 탐험하는 여정을 함께 떠나려 합니다.

제가 지난 수십 년 세월을 은둔자로서

◀이것이 개벽이다上
저자 **안경전** / 출판사 **상생출판**

동서를 오가며 '동방 역사문화의 주인인 한민족 정신의 원형'을 찾는 과정에서 개벽에 대해 좀 더 본질적인 문화 시각을 갖게 되었습니다. 여기에 있는 『이것이 개벽이다』라는 책에 그 내용을 상세히 정리했습니다.

이 책을 내게 된 결정적인 인연은 이곳 남도南都 항구 부산에서 있었습니다. 당시 도문에 들어온 한 젊은 청년이 자신이 근무하는 부산의 종근당鍾根堂이라는 회사로 저를 초대했어요. 그러고는 "오륙도를 가시죠." 해서 배를 타고 가며 파도를 바라보았어요. 그때 그 청년이 "인류의 종말론의 실체를 한번 시원스럽게 벗겨 주세요."라고 말했습니다. 그때 굵게 주름진 파도를 바라보던 제게 그 말은 또 하나의 큰 영감을 주었습니다. 그것은 마치 "종근당, 개벽의 종소리를 울려라."라는 말과도 같았다고 재미있게 해석해 보았습니다.

제가 『이것이 개벽이다』상·하권을 1983년에 펴내고 몇 년 전에 개정판을 다시 출간했는데, 실로 끝이 없는 작업이었습니다. 본래 '동서고금의 다가오는 개벽 소식에 대해 체계적으로 정리해 봐야겠다'는 생각을 가지고 있었는데, 그 신도의 부탁이 인연이 되고 또 영적인 자극이 되었습니다. 그날 밤 밝은 보름달을 바라보다가 자정子正쯤에 목차를 정리해 보았습니다.

✦ 항상 깨어 있어야

동서고금의 영능력자, 성자들의 가르침의 결론과 근대사의 주제인 새로운 문명 이야기는 일관되게 개벽과 연결됩니다. 지금 인류는 문명 전환과 자연 변화의 손짓에서, 인간 마음의 문제에서 강렬하게 충격과 자극을 받고 있습니다. 얼마 전 시리아 내전 때 난민 가족이 유럽 쪽으로 들어가려다가 터키 해변에서 참극을 당했습니다. 어린 아이의 시신 모습이 찍힌 사진 한 장은 많은 유럽 사람들의 가슴을 울렸습니다. 세 살짜리 어린이가 파도가 멈춘 듯한 경계에서 잠자는 듯 죽어 있었습니다. 에이란 쿠르디의 가족은 시리아에서 그리스로 가기 위해 조각배에 몸을 실었으나 몰아치는 파도에 뒤집혔고 에이란의 어머니와 형도 목숨을 잃고 말았습니다. 시신들을 고향으로 싣고 간 에이란 쿠르디의 아버지는 인터뷰에서 "내 인생의 모든 희망과 꿈이 물거품이 됐습니다. 아내와 아이들 곁으로 돌아가 생을 마감하고 싶습니다."라고 했습니다. 전 세계 난민은 6천만 명에 이르는데 날마다 4만 5천 명씩 늘어난다고 합니다. 이런 소식을 들을 때 우리는 같은 인간으로서 삶과 죽음을 깊이 생각해 보지 않을 수 없습니다.

　2003년 북경에서 사스SARS가 터졌을 때 사람들이 주변 도시로 피난을 가려 하자 그 이웃 도시에서 바리케이드를 치고 난민들을 짐승을 내몰 듯 냉대했습니다. 앞서 말한 시리아 난민의 죽음이 국가 이기주의를 보여주는 사례라면, 중국에서 이웃 도시의 피난민을 거부한 것은 지역 이기주의의 사례입니다. 이렇게 자연의 변화에 따른 크고 작은 개벽 소식이 끊임없이 들려옵니다. 그런데 인간은 이러한 변화에 얼마나 무기력한가요?

1976년, 옛날 번조선의 수도였던 당산시唐山市에서 24만 명이 불과 10~20초 사이에 죽음의 나락으로 떨어졌습니다. 이 당산시 지진은 20세기 10대 재난의 하나였습니다. 2008년 쓰촨성 지진은 오후 두 시에 일어났습니다. 불과 10여 초 사이에 초등학교 2천 개가 무너져서 어린 학생 5천여 명이 점심을 먹고 수업받다가 죽었습니다. 한순간에 떼죽음을 당했습니다. 부모들은 미처 자기 아이들 얼굴도 보지 못했는데, 그 시신들을 길게 판 구덩이에 매장했습니다. 개벽을 당한 것입니다. 집안에 대가 끊겼습니다. 젊은 어머니들이 거리에서 만난 공산당원에게 "내 아들을 살려내라."고 절규하는 모습이 방영된 적이 있습니다.

이런 자연 재난들은 지구촌 이곳저곳에서 예고도 없이 우리의 삶을 한순간에 뒤집어 놓습니다. 이러한 재난과 관련되는 개벽, 개벽 문화, 개벽의 도道, 개벽사상을 인간 문화의 전체 틀에서 볼 때, 언제 어디서나 항상 깨어있는 것이 중요합니다. 지금 이 순간에도 작은 개벽이 올 수 있습니다. '우리는 언제 어디서나 이것을 극복하고 생존할 수 있다, 이 모든 고난을 뛰어넘을 수 있다'는 깨어있는 마음, 즉 각성은 너무도 소중합니다.

오늘 말씀의 주제를 셋으로 잡아 보았습니다. 첫째, 인류의 꿈을 성취하는 개벽이란 무엇인지 살펴보고 둘째, 동서 성자들의 가르침의 결론인 개벽 이야기를 소개하고 셋째, 인류 근대사의 출발점 동학과 참동학 증산도의 개벽 이야기를 구체적으로 살펴보려 합니다.

✦ 개벽은 새 희망의 소식

인류의 꿈을 총체적으로 성취하는 개벽이란 무엇인가? 개벽을 이해하기 위해서는 동서 우주관의 차이를 정리해 볼 필요가 있습니다. 그 대세는 꼭 이분법적인 것은 아니지만 서양은 창조관이고 동양은 개벽관입니다. 기독교를 기준으로 할 때 서양은 신神 중심으로, 신의 역할을 강조합니다. 신이 우주도 창조하고 하늘, 땅, 인간도 빚어내고, 남자의 갈빗대를 뽑아 여자를 만들었다고 합니다. 일방적으로 다 창조했다는 것은 강력한 조물주 신 중심의 창조관입니다.

동양에서는 서양과 똑같이 신도神道를 우주 만물의 시작과 근원으로 말하면서 신도와 자연의 이법을 동시에 강조합니다. 이처럼 신도와 이법을 함께 보는 것은 매력이 있습니다. 동양의 우주관이 좀 더 재미있고 진리세계를 인식하는 데 많은 영감을 줍니다.

개벽開闢은 열 개開 자, 열 벽闢 자입니다. 천개지벽天開地闢의 문자적 뜻은 하늘이 열리고 땅이 열린다는 것입니다. 개벽은 '천지가 새 질서로 들어선다, 하늘땅이 새로운 변화질서를 갖는다' 는 것입니다. 개벽은 한마디로 말하면 크게 열리는 것Great Opening입니다. 그러니까 문자 그대로 천지 질서의 전환, 천지의 거듭남, 새로워짐이란 말입니다. 얼마나 희망에 찬 메시지입니까? 우리가 태어나 살아온 천지의 질서가 새롭게 바뀐다는 것입니다. 하늘과 땅과 인간과 문명, 우리 생각과 삶의 방식이 모두 달라지는 것입니다. 이것은 천지의 새로워짐The Renewal of Heaven and Earth입니다. 개벽 세계를 더 근본적으로 들어가 보면 '병든 천지를 뜯어고친다. 병든 천지의 질서를 재조정한다'는 것입니다.

이처럼 하늘과 땅과 인간의 삶, 이 모든 것이 새로워지기 때문에 개벽은 희망의 소식이지 종말의 소식이 아닙니다. 개벽은 종말이 아닙니다. 개벽은 종말을 넘어 종말의 실체를 밝히면서 앞으로 올 진정한 인류 새 문명의 모습을 총체적으로 밝혀 줍니다.

✦ 개벽문화의 근원, 개천 사상

한국 문화사에서 개벽사상, 개벽문화의 근원은 무엇인가? 그것은 한마디로 우리가 잘 알고 있는 개천開天 사상입니다. 개벽開闢의 근원은 개천開天입니다. 지금으로부터 6천 년 전, 정확하게 5,923년 전 (2026년 기준) 한민족 최초의 나라 배달을 세우신 환웅천황께서 '우주광명 홍익인간의 나라' 환국에서 우주광명 심법心法을 가지고 동방으로 오신 날이 10월 3일, 개천절입니다. 개천절은 한민족 개벽문화 탄생의 출발점을 기념하는 것인데, 이것이 단군조선 건국일로 왜곡돼 있습니다.

『환단고기』에 들어있는 『태백일사太白逸史』「신시본기神市本紀」에서 개벽문화를 '개천開天, 개인開人, 개지開地'로 멋있게 정의했습니다. 여기서 개천開天, 하늘을 여는 것을 어떻게 정의했는가? '견왕이세지위개천遣往理世之謂開天' 즉 '누구를 보내서 세상을 다스리는 것', 좀 더 정확하게 번역하면 '우주 정치를 행하시는 우주의 통치자 삼신상제

님이 당신의 아들을 내려보내어 새 세상을 열고 다스리게 하는 것'
이 개천입니다. 얼마나 멋진 해석입니까?

환국에서 환웅이 오셨습니다. 이 환웅의 나라인 배달 1,565년이
끝나고 단군왕검의 조선 시대가 새롭게 열렸습니다. 그러면 개인開人
은 무엇인가? '탐구인세지위개인貪求人世之謂開人'입니다. '인간 세상
구하기를 열망하는 것'입니다. '인간 세상을 새로운 역사로, 새로운
문화 시대로, 새로운 생명의 시대로, 새로운 진리 시대로 인도해 보
고 싶다'는 것입니다. 개지開地는 산을 다스려 길을 내는 것('치산통로지
위개지治山通路之謂開地')이라 했습니다.

이 개천 사상의 결론은 인류 창세 역사 황금시절의 하느님의 아들
론입니다. 온 우주의 통치자 상제님이 1만 년 전, 정확하게 9,223년
전에 환국에 환인을 내려보내시고, 5,923년 전에 동방 배달에 환웅
을 내려보내셨습니다. 기성 성자들이 오기 5, 6천 년 전에 인류 뿌리
문화 황금시절에 원 우주의 하느님이 당신의 아들(환인, 환웅)을 내려
보내신 것입니다. 우리 한국의 역사문화에서는 개벽뿐만 아니라 진
화와 순환도 강조합니다. '개벽과 진화와 순환', 이 셋을 동시에 알아
야 새 세상 소식을 알 수 있다는 것입니다.

유 약 개 벽 이 존　　　유 약 진 화 이 재　　　유 약 순 환 이 유
有若開闢而存하고　有若進化而在하며　有若循環而有하니라

『태백일사太白逸史』「삼신오제본기三神五帝本紀」

'만물은 개벽을 따라서 생존하고, 진화를 따라서 존재하고, 순환이 있어서 생명으로 살아간다'는 것입니다. 개벽과 진화와 순환의 문제를 알려주는 이 구절은 『환단고기』에서 높이 평가됩니다. 고차원의 우주 문화론을 알려 주기 때문입니다.

✦ 현대문명에 대한 석학들의 진단

동방 문화와 역사의 원 주인인 우리 한국의 역사 정신에는 우주변화의 동력원인 개벽이 있습니다. 자연과 문명과 인간이 어떻게 총체적으로 새 역사 질서를 맞이하는가?

개벽을 크게 세 가지로 살펴볼 수 있습니다. 역사·문화·문명의 질서가 어떻게 전환하는가 하는 문명개벽과, 그 근본인 자연의 질서가 어떻게 바뀌는가 하는 자연개벽, 그리고 인간이 어떻게 새로워지는가 하는 인간개벽이 있습니다. 이 3대 개벽이 일체가 되어 새 세상이 열리는 것입니다. 세계 석학들이 인류 문명의 현주소를, 또 앞으로 일어날 새로운 변화를 어떻게 제시하는지 짚어보겠습니다.

> **프리초프 카프라**(1939~)
> 현재의 위기는 개인이나 정부 혹은 사회제도만의 위기가 아니라, '지구 차원의 전이'다.··· 우리는 전환점turning point에 도달하고 있다.
> 『새로운 과학과 문명의 전환』

개벽으로 열리는 상생의 새 문명

존 캐스티(1943~)

현대 문명은 여러 시스템이 복잡하게 얽혀 있어 한 시스템이 재채기를 하면 다른 시스템은 폐렴에 걸릴 수 있다.… 우발적인 작은 사건 하나에도 시스템은 붕괴 위기에 놓인다.

『X 이벤트』

그렉 브레이든(1954~)

성숙한 우주론으로의 전환, 그것이 바로 위대한 깨달음이다. 그 속에서 우리는 더 이상 구원을 갈구하는 비참한 인간도,… 신으로부터 철저히 버려진 인간도 아니다. 우리는 인간의 형태를 띤 신성하고 창의적인 존재다.

『월드쇼크 2012』

최윤식(1971~)

어떻게 해야 할까? 불확실성으로 포장된 미래를 좀 더 날카롭게 통찰하고 변화를 통제handling 가능한 수준으로 가두어 두려면 어떻게 해야 할까? 변화를 알아야 한다. 변화에 민감해야 한다. 변화에 관심을 가지고, 통찰력을 높여주는 좀 더 똑똑한 정보를 가져야 한다.

『2030 대담한 미래』

현대문명에 대한 진단과 전망을 살펴보았습니다. 프리초프 카프라Fritjof Capra(1939~)는 "현재의 위기는 지구 차원의 전이轉移다."라고 말했습니다. 프리초프 카프라는 '동양 종교의 궁극의 깨달음과 서양 현대과학의 소립자 물리학 체험이 동일하다'라고 한, 현대의 고전이

된 유명한 책 『현대 물리학과 동양사상』의 저자입니다.

최근에 존 캐스티 John L. Casti(1943~)가 '현대사회는 여러 시스템이 복잡하게 얽혀 있다. 우발적인 작은 사건 하나가 전체 시스템을 한순간에 무너뜨릴 수 있다'라고 했습니다. 존 캐스티가 쓴 『엑스 이벤트 X-EVENTS』라는 책에는 '모든 것의 붕괴(The Collapse of Everything)'라는 부제가 붙어 있습니다. '엑스 이벤트'란 확률이 '제로'인, 일어나지 않을 것이라 믿은 치명적 사건이 지구촌에서 지속적으로 벌어지는 것입니다. 그래서 '엑스 이벤트'는 서양 문명의 개벽론이라고도 말할 수 있습니다. '현대문명의 시스템은 총체적으로 한순간에 무너질 수 있는 취약점이 있다. 시스템이 너무 복잡하기 때문에 충격적인 엑스 이벤트가 얼마든지 발생할 수 있다'는 것입니다.

이에 대해 『월드 쇼크 2012』의 저자 중 한 사람인 그렉 브레이든 Gregg Braden은 '성숙한 우주론으로 오늘의 인류 문명의 전환 문제를 볼 수 있다면, 그것은 우리 시대에서 가장 위대한 깨달음이다'라고 했습니다. 그리고 우리나라에서 유일한 인류 미래학자를 자처하는 최윤식이라는 분은 '변화를 알아야 한다. 변화에 민감해야 한다. 통찰력을 높여주는 좀 더 똑똑한 정보를 손에 쥐어야 한다'라고 했습니다.

✦ 인류 문명사의 총체적 발전 과정

이 우주가 탄생한 이래로 인류 문명이 발전한 총체적 과정을 다시 한 번 살펴보면, '지구에 나타난 문명은 우리가 처음이 아니다'라고 주장하면서 지구의 태고문명을 답사한 뛰어난 지성인들이 있습니다.

예를 들면 제임스 처치워드James Churchward(1851~1936)는 20세기 초엽에 태고문명을 답사하고 책 하나를 냈습니다. 그 책은 『뮤 대륙의 비밀The Lost Continent of Mu』인데 저자가 직접 수기手記로 쓴 것입니다.

이분은 태평양에 있던 뮤 대륙 문명을 지구의 어머니 문명이라고 했습니다. 이분은 이 문명이 있었던 시기를 3만 년 전에서 5만 년 전, 7만 년 전까지라고 주장했습니다. 뮤 대륙은 태평양에 있었고, 아틀란티스 문명은 대서양에 있었습니다. 아틀란티스는 플라톤Plato의 책[1]에도 나옵니다. 뮤 제국 문명에서 원십자原十字 문양이 발견됩니다.

1) "어느 날 이 섬 전체에 무어라 형용할 수 없는 끔찍한 재앙이 몰아닥쳤다. 그로 인해 아틀란티스는 화산 폭발과 해일에 덮인 채 24시간도 못되어 바다 밑으로 가라앉고 말았다." (『대화편』)

그리고 저 뮤 대륙이 자연의 질서가 전환하여 개벽을 당해서 물로 들어갈 때 그 나라의 대왕이 한마디 한 내용이 전해 옵니다.

> 그 잿속에서 새로운 민족이 생겨날 것이다.
> 하지만 그들도 많이 얻는 것보다 많이 주는 것이
> 더 훌륭하다는 사실을 잊을 때,
> 이 같은 재앙은 그들 위에 내려질 것이다.
>
> 「마지막 라Ra 뮤Mu 대왕의 종말 선언」

이런 태고 문명이 끝난 이후 지구촌에 빙하기가 왔다가 물러나고, 한 1만 2천 년 전에 오늘날 문명의 직계인 신석기 문명이 나왔습니다. 제주도 고산리 유적지 같은 곳에서는 동아시아에서 가장 오래된 신석기 유물이 나왔습니다. 그러고서 9천 년 전에서 5천5백 년 전에, 신석기 문화 가운데 특히 옥玉 문화가 발달했습니다. 그 문화가 우리가 잘 알고 있는 홍산문화紅山文化입니다. 지금 그 영역과 연대를 조금 늘여서 4천5백 년 전에서 9천 년 전까지 말하고 있습니다.

마치 컴퓨터로 계산해서 다듬은 것 같이 정밀하게 만든 원형 옥 팔찌를 보십시오. 약 1만 년 전 인류는 동굴에서 하체나 간신히 가리고 야만인처럼 살았던 게 아닙니다.

그 후 환국 문명이 6천 년 전에 자연의 변화에 따라 나비의 두 날개처럼 동서로 크게 분화했습니다. 환웅천황은 동방 백두산으로 와서 배달을 열고, 수메르 사람들은 서쪽으로 천산을 넘어 티그리스, 유프라테스 강 하류로 가서 이라크 남부에 도시국가 시대를 열었습니다. 그리고 2천~2천5백 년 전에 동서양에 성자와 사상가, 현인이 많이 나타났는데, 독일의 야스퍼스Karl Jaspers는 이 시기를 '차축車軸 시대'라 정의했습니다.

그 후 중세를 넘어 르네상스 시대를 거쳐 근대 역사의 출발점에서 후천개벽이 선언되고, 20세기 정보산업 사회를 지나 이제 서양 지성인들이 '임팩트 존Impact Zone, 티핑 포인트Tipping Point, 터닝 포인트 Turning Point'라는 여러 술어를 만들어 쓰고 있습니다. 여기서 결정적인 인류 문명의 새 희망의 시대가 펼쳐지는 것입니다. 자연과 문명과 인간의 개벽이 동시에 총체적으로 일어나고, 이어서 지상에 진정한 유토피아 문명 시대가 온다는 것입니다.

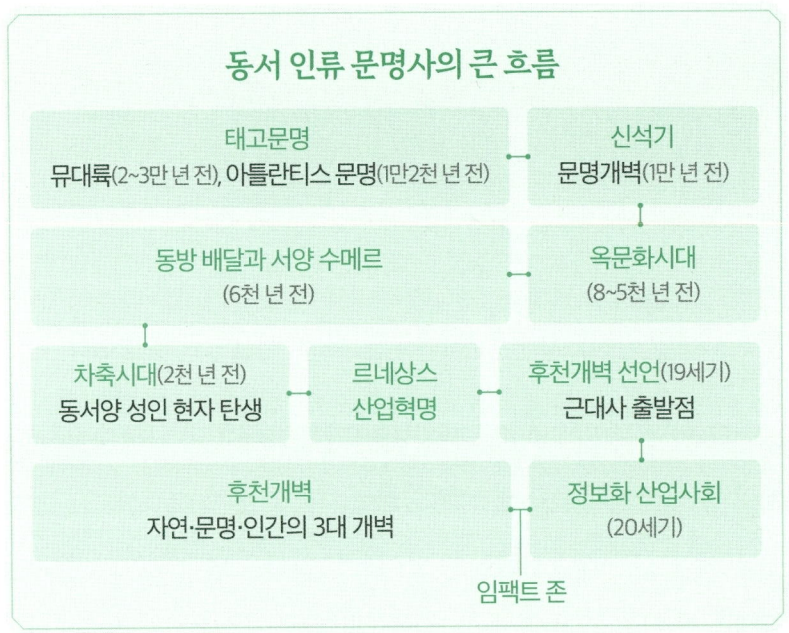

지금 우리는 문명개벽을 향한 결정적인 분기점을 넘어가고 있습니다. 현대문명에 대한 비판서들을 보면 그 결론은 무엇인가? '자본주의는 인류 복지를 위해 말할 수 없는 큰 공력을 끼쳤다. 그렇지만 인간의 정신을 피폐시키고, 가족의 가치를 깨고, 자연을 병들게 했다. 소중한 인간 내면의 가치, 영성을 무너뜨렸다. 모든 인간을 깊은 어둠, 수렁에 빠지게 한 자본주의는 머지않아 대붕괴를 겪고 새 질서를 맞이할 것'이라는 것입니다.

개벽으로 열리는 상생의 새 문명

✦ 영능력자들이 말한 자연개벽 소식

문명의 변화와 발전은 천지자연에 근본을 두기 때문에 문명개벽은 자연개벽이 그 바탕이고 근본입니다. 그럼 자연의 질서는 어떻게 바뀐다는 것인가? 이 문제에 대해서도 동서의 지성인, 영능력자, 성자들이 한마디씩 큰 말씀을 주셨습니다. 잠깐 살펴보겠습니다.

> **극이동은 지구 성숙의 연장선상에서 일어나는 것이다…**
> **지구의 극이동은 자연섭리로서 지구 자체의 정화를 위한**
> **필연적 과정이기 때문이다.**
>
> 언론인 출신 영능력자 루스 몽고메리(1912~2001), 『내일의 문턱』
>
> **지금 전 인류는 거대한 개벽the ultimate Big One의 파도를**
> **함께 타고 있다…. 개벽의 파도타기는 우주에 자연적인**
> **진화의 계획이 있는 한 피할 수 없는 주기적인 사건이다.**
>
> 미국의 모이라 팀스(1938~), 『예언과 예측을 넘어서』
>
> **위대하시고 영원한 하나님은 혁명天道革命을**
> **완수하기 위하여 오실 것이다.**
>
> 천사장 미카엘의 후신으로 알려진 노스트라다무스(1503~1566),
> 「아들에게 보낸 편지」

서양에서는 일반적으로 기후 변화를 강조합니다. 미국 국방성은 '인류의 가장 중대한 미래 사건은 기후변화다'라고 했고, 부통령 출신 엘 고어Al Gore도 '기후 위기는 극히 위험하다. 이것은 전 지구 차원의 비상사태a true planetary emergency다'라고 했습니다.

엘 고어의 저서 『위기의 지구Earth in the Balance』에서는 '지구 온난화가 거의 빛의 속도로 이뤄지고 있다'라고 했습니다. 지금 북극의 빙하가 녹는 것을 보면 어마어마하지 않습니까? 여의도 크기의 빙하가 한순간에 녹아 내립니다. '불과 몇 년 안에 북극, 남극의 거대한 빙하의 틀이 총체적으로 무너진다. 그것 때문에 지축이 설 것이다'라고 예측하는 서양의 과학자도 있습니다.

미국의 언론인 출신 영능력자 루스 몽고메리Ruth Montgomery는 천상의 두 천사가 자기에게 개벽을 선언하라고 했다면서 여러 책에서 앞으로 올 지구의 변화를 말했습니다. 루스 몽고메리는 '지구의 극이동은 지구 성숙의 연장선상에서 일어나는 것이다'라고 하여 지구의 극이 바뀔 것을 예고했습니다. 그리고 '이것은 자연섭리다. 지구를 위한, 지구 자체를 총체적으로 정화하는 필연적 과정이다'라고 했습니다.(『내일의 문턱Threshold to Tomorrow』)

모이라 팀스Moira Timms라는 여성은 아주 독특한 언어를 썼습니다. 『예언과 예측을 넘어서Beyond Prophecies and Predictions』에서 '디 얼티밋 빅 원the ultimate Big One'이라는 말을 썼어요. '서양 사람이 어떻게 이런 언어를 쓸 수 있을까?' 하고 제가 깜짝 놀랐습니다. 이것은 거대한 개벽, 궁극의 어떤 통일의 손길도 되고, 태일太一 사상도 되는 것입니다. 거대한 개벽의 파도를 타고 다가오는 변화는 궁극으로 하나가 되는 손길입니다. 모이라 팀스는 '이것은 누구도 피할 수 없는, 우주

자연의 변화의 주기적 사건이다'라고 했습니다.

또한 프랑스의 예언가로 유명한 노스트라다무스Nostradamus (1503~1566)가 있었습니다. 제가 20대 때 이 사람에 대해 관심이 많아서 동서에서 나온 책을 다 구해서 봤습니다. 영어판, 프랑스어판, 한국인이 번역한 것, 일본 고도 벤이 쓴 것, 노스트라다무스에 대한 주석서까지 다 정리해 보았습니다. 노스트라다무스의 말에서 가장 믿을 만한, 정말 주목할 만한 위대한 예언은 "위대하시고 영원하신 하느님이 혁명을 완수하기 위해 오실 것이다Le grand Dieu éternel viendra parachever la révolution."(『아들에게 보내는 편지』)라는 것입니다.

여기서 혁명이란 무엇인가? 이것은 천도天道 혁명입니다. 천도의 명을 바꾸는 것입니다. 이것은 개벽을 말합니다. 하느님이 개벽을 완수하기 위해서, 개벽을 성취하시기 위해서 직접 인간 세상에 내려오신다는 것입니다.

✦ 「천부경」에서 가르친 인간개벽

　그러면 개벽문화에서 인간개벽이란 무엇인가? 그 해답은, 인류 문화사에서 깨달음의 원형 경전, 제1의 경전이면서 최초의 계시록인 「천부경天符經」에 들어 있습니다. 「천부경」에는 이 우주의 창조 목적, 인간 삶의 근원과 유일한 진리 목적이 나와 있어요. 다 함께 「천부경」을 읽어보겠습니다.

천부경天符經

상경

일 시 무 시 일 　 석 삼 극 무 진 본
一始無始一 析三極無盡本

천 일 일 　 지 일 이 　 인 일 삼
天一一 地一二 人一三

일 적 십 거 　 무 궤 화 삼
一積十鉅 無匱化三

중경

천 이 삼 　 지 이 삼 　 인 이 삼
天二三 地二三 人二三

대 삼 합 육 　 생 칠 팔 구
大三合六 生七八九

운 삼 사 　 성 환 오 칠
運三四 成環五七

하경

일 묘 연 만 왕 만 래 　 용 변 부 동 본
一妙衍萬往萬來 用變不動本

본 심 본 태 양 　 앙 명
本心本太陽 昂明

인 중 천 지 일 　 일 종 무 종 일
人中天地一 一終無終一

　좀 빨리 읽으면 20초도 안 걸려요. 아침에 일어나서, 운전하면서,

걸어 다니면서, 열 번, 20번, 30번씩 한 10년 동안 몇 만 번 읽으면 온 우주와 내가 마치 한마음이 된 듯한 의식 경계를 자주 체험합니다. 그 정도는 돼야 진정한 한국인이라 할 수 있겠습니다. 우리가 진정 우리 문화의 혼 속에서 사는 자랑스러운 한국인이 되려면 어떻게 해야 할까요? 생을 마감할 때까지 적극적인 자세로 초지일관初志一貫, 우리 문화 역사의 주제, 근본을 알고 살아야 할 것입니다.

여기 보면 가장 중요한 주제는 '삼극三極'과 '삼합三合'입니다. '이 우주의 조물주 삼신이 스스로 자기를 현상으로 드러낸 것이 하늘과 땅과 사람이다. 이 우주에서 가장 존귀한 생명의 궁극의 실재가 삼극이므로 인간은 조물주 삼신과 동격이다'라는 것입니다. 인간은 피조물이 아니라 조물주와 같은 영성과 지혜, 조화를 품고 사는 신성한 존재라는 것입니다. '모든 인간은 조물주 삼신하느님의 꿈과 이상을 성취하는 진정한 우주 역사의 완성자'라는 것이 9천 년 전에 인류 창세 원형문화, 신교의 인간에 대한 가르침입니다. 그것을 한마디로 말하면 '천일天一, 지일地一, 태일太一'입니다.

하늘과 땅의 꿈을 이루는 가장 숭고하고 신령한 존재, 태일 인간! 이것이 인간에 대한 정의입니다. 그러면 인간개벽을 이루는 우리 삶의 궁극의 주제는 무엇인가? 태일 인간을 성취하는 영성개벽입니다. 동서 미래학자들이 공통적으로 '앞으로 인류 문명은 영성문화로 간다'라고 합니다. 그러니 '인류의 영성개벽을 향한 실제적인 영적 전쟁은 지금부터'라고 외칠 수 있는 것입니다.

이 영성문화 개벽을 위해서는, '하늘에는 조물주 삼신三神, 땅에는 삼한三韓, 우리 몸 속에는 조물주 삼신이 들어와 이뤄진 세 가지 참된 것' 즉 삼진三眞, 성명정性命精이 있다는 것을 알아야 합니다.

조물주 삼신은 만물을 낳는 조화造化, 기르면서 가르쳐 깨치게 하는 교화教化, 그리고 만물을 다스리는 치화治化라는 작용을 합니다. 이세 가지를 줄여서 조교치造教治라 합니다. 이것이 우리 각자의 몸에 들어와서 조화신은 조물주의 참마음인 성性(마음의 본원)이 되고, 교화신은 어머니 지구의 영원한 생명성인 명命이 되고, 치화신은 천지를 다스리는 삼신의 생명력인 하단전의 정精이 됩니다.

이 성명정이 혼연일체가 된 경계가 진아眞我입니다. 그것은 우주와 내가 하나가 된 것입니다. 인간이 영원히 살아 있는 우주 자체가 된

성性　조물주의 참마음 삼체·본원

명命　지구의 영원한 생명성

정精　삼신의 생명력·정기

것입니다. 이것은 9천 년 동방 영성문화의 수행의 주제입니다. 이 맥이 후세에 세계 종교로 계승되었습니다.

이제 본론 첫째 이야기를 정리해 보면, 자연과 문명, 인간 삶의 여정은 끊임없이 새로운 질서를 향해 나아가는데 그 거대한 변화는 3대 개벽을 통해 전개된다는 것입니다. 그래서 문명개벽과 자연개벽과 인간개벽이 일체가 된 경계에서 개벽을 볼 때 다가오는 인류 새 문명의 전모를 이해할 수 있고, 미래 문명 세계를 맞이할 수 있는 인생 성공의 결정적 진리 열쇠를 부여잡게 되는 것입니다.

언제나 균형 잡힌 시각에서 개벽을 보아야 합니다. 사람들은 대체로 개벽을 '문명의 전환'이라는 한정된 시각에서 말하고 있습니다. 천지자연의 질서는 어떻게 바뀔 것인가? 그리고 인류의 상처받은 마음과 영혼을 어떻게 치유할 것인가? 이 문제에 대해 구체적인 법방을 제시하는 어떤 사상가도, 영적 지도자도 찾아보기 어렵습니다.

✦ 세계 주요 종교의 탄생

본론의 둘째 주제인 동서 성자들의 가르침의 결론, 개벽 이야기로 들어가 보겠습니다. 제가 동서의 주요 종교를 현장에 가서 답사하고 그 경전을 몇십 년 동안 들여다보면서 느낀 것은, 모든 종교는 공통적으로 구원론의 결론으로서 새 역사의 시작, 희망의 새 세상 이야기를 가지고 있다는 것입니다. 마치 약속이나 한 듯이, 개벽으로 열리는 인류의 진정한 새 문명 이야기, 새 시대의 한 소식을 경전 중간

중간에서 결론으로, 간명하지만 매우 강력하게 전하고 있습니다.

　세계 주요 종교의 탄생 과정을 세계 지도를 놓고 보면, 6천 년 전에 커발환 환웅이 지구 문명의 근원인 환국에서 동방으로, 백두산 신시神市로 오셔서 배달을 여셨습니다. 그리고 단군왕검이 배달을 계승하여 조선을 열었습니다. 그런데 중국 사람들은 이쪽을 동이東夷 문명이라 하면서 배달, 조선이라는 이름을 은폐했습니다.

　그 뒤에 노魯나라, 산동성 곡부曲阜에 공자孔子란 분이 오시고 같은 시대 초나라에 노자老子란 분이 오셨습니다. 공자는 본래 송宋나라 미자微子(동이족 출신)의 후손입니다. 도교의 노자는 '나는 동방 사람이다' 해서 동방을 뜻하는 목木에다 아들 자子 자를 써서 성을 이李로 바꿨다고 합니다. 『환단고기』를 보면 놀랍게도 노자의 조상과 족보가 나와 있습니다. '노자 아버지의 성은 한韓이고 이름은 건乾이다. 그리고 그 조상은 풍이족馮夷族이다'라고 말입니다. 지금 대한민국 태극기의 팔괘八卦를 처음 그리신 분은 5천5백 년 전 복희씨伏羲氏입니다. 그분이 풍이족인데, 바로 그 후손이라는 겁니다. 한편 6천 년 전에 기후에

변화가 일어나 환국의 우루국, 수밀이국 사람들이 서쪽으로 천산天山을 넘어 이라크 남부에 들어가 도시국가를 세웠습니다. 그 사람들이 우리가 알고 있는 수메르인입니다. 그들은 조상들이 천산을 넘어왔다고 말했습니다.

그 후 4천 년 전, 그때는 족장시대였는데 칼데아 우르에 살던 아브라함이 아버지 데라를 모시고서 부족과 양떼를 몰고 위쪽 화란으로 갔습니다. 아버지가 거기서 세상을 떠나자 아브라함은 아버지의 유언을 따라 지금의 이스라엘 땅으로 들어갔습니다. 이것이 이스라엘 초기 건국의 역사이고 유대교 신앙의 믿음의 근원입니다. 여기서 유대교가 나왔습니다. 그리고 1천4백 년 전에 이슬람교가 나오고, 그 다음에 기독교가 나왔습니다. 아브라함은 삼신三神을 받은 사람입니다. 낮에 삼신을 접대했는데, 삼신이 "너에게 아들을 주겠다."라고 했지만 '100세인 사람이 자식을 얻고 90세인 사라가 아이를 낳는다고?'라며 믿지 않았습니다. 그러자 삼신이 "내가 내년 이맘때에 사라가 너에게 낳아 줄 이삭과 계약을 맺을 것이다."(「창세기」 17:21)라고 했습니다.

삼신은 출산을 돕기도 하는데, 이 삼신을 성경에서 "My Lord나의 주님이시여"(「창세기」 18:3)라고 합니다. 하버드대학의 제임스 쿠겔James L. Kugel 교수는 구약의 대가인데, 이스라엘 초기에는 '한 하느님만 주님'이 아니었다고 합니다. 그때는 동방 신교의 신관과 동일한 다신관多神觀이었습니다. 초기에 천사들은 날개도 없었는데 나중에 단 것입니다.[2] 그리고 또 이란의 북쪽 카프카스 산맥 근처에 살던 수메르 문명권의 아리안족이 뒤쪽 인더스강으로 가서 3천5백 년 전에 원주민 드라비다족과 함께 베다Veda 문화를 냈습니다. 힌두교 성전聖典을 전해줬다는 말입니다. 베다는 '성스러운 지식'이라는 뜻입니다. 알고 보면 이것은 신교입니다. 신을 섬기는 것, 신과 하나가 되는 가르침을 전해 준 것입니다.

✦ 세계 종교의 원형

동서 세계 주요 종교를 크게 유불선儒佛仙, 서교西教로 말합니다. 그러면 이들의 원형은 무엇인가? 세계 종교의 뿌리는 무엇인가? 『환단고기』를 보면 환국·배달·조선은 인류 창세 역사, 원형문화의 황금 시절이었습니다. 환국은 아버지 하늘의 도, 천도天道에 근본을 두고 동방 배달은 어머니 땅의 도, 지도地道에 근본을 두었습니다. 여기서 천원지방天圓地方 문화가 나온 것입니다. 하늘 아버지의 마음을 좇아서 원융무애圓融無碍하고 어머니 땅의 생명성, 신성을 본받아서 반듯한 심법으로 살아야 된다는 겁니다.

이처럼 환국과 배달, 조선 시대에는 천도와 지도와 인도, 삼도三道를 근본으로 한 수행 문화, 곧 영성 문화의 원형이 있었습니다. 환국

---

2) 여호와께서 아브라함에게 나타나셨다. 아브라함이 보는 것은 자기 앞에 서있는 세 명의 남자이다. 하나님이 … 보통 인간의 모습을 한 천사를 보내셨다. (제임스 쿠겔James L. Kugel, 『옛적의 하나님(The God of Old)』)

의 천도를 근본으로 해서 전도佺道가 나왔습니다. 하늘은 텅 비어 있기 때문입니다. 텅 빈 것을 근본으로 해서 전도³⁾가 나온 겁니다. 전佺이란 하늘 광명, 우주광명으로 충만한 온전한 인간 전佺 자입니다. 이 전도가 배달의 환웅천황까지 계승되다가 14세 자오지慈烏支 환웅천황(치우 천황) 때 선도仙道가 나왔습니다. 선도가 나라에서 본격적으로 운영하는 생명의 도가 된 것입니다. 그리고 단군왕검은 인간 속의 천지광명의 도, 지금으로 말하면 대한, 태일의 도를 열어 주셨습니다. 이것을 종도倧道라 합니다. 종倧은 으뜸 종 자입니다.

환국	배달	조선
천도天道	지도地道	인도人道
전佺	선僊(仙)	종倧
전佺 : 하늘광명 온전한 인간	14세 치우천황 선도의 종주倧主	인간속의 천지광명 대한大韓 태일太一의 도

　그래서 크게 보면 전도는 지금의 불교로, 선도는 지금의 노자 장자의 선도로, 종도는 유도로 계승됐습니다. 지구촌 동서 문화의 중심축인 세계 종교의 진리 맥이 어느 날 갑자기 공자, 석가, 노자, 예수 성자에 의해 완전히 새롭게 세워진 것이 아니라 9천 년 전부터 있었던, 인류 창세 시대 신교의 원형 삼도인 전도와 선도, 종도를 계승해서 불佛, 선仙, 유儒가 나온 것입니다. 기독교는 서방의 선도仙道로서 영생을 주

---

3)　'전자佺者는 허언이본호천虛焉而本乎天하고' : 전佺은 텅 빈 자리로 천도天道에 근본을 두고.(『태백일사』「신시본기」)

장하고 일곱⑺ 수의 진리 구성 원리를 갖고 있습니다.

✦ 불교 가르침의 결론과 왜곡된 미륵불 사상

그러면 이제 지구촌 주요 성자들 가르침의 핵심과 결론을 간단히 살펴볼까 합니다. 불교를 들어가 보면 팔만대장경 가르침의 결론은 무엇인가? '새로운 부처님이 오신다. 그분은 서 있는 부처님으로 미래 부처님이다. 희망과 구원의 부처님이다. 이 미륵부처님이 마침내 동방 땅에 인간으로 오신다. 궁극의 새로운 미래 문명 세계인 용화낙원이 열린다'는 것입니다. 이 미륵님을 향한 구도의 모델은 선재동자善財童子입니다. 『화엄경』을 보면 선재동자가 쉰 세 명의 선지식善知識, 마음을 닦는 뛰어난 스승들을 찾다가 마지막에 미륵님을 만납니다. 불경에는 '미륵보살'로 나오지만, 그건 불경不敬한 표현입니다.

그런데 미륵부처님이 아무 말씀을 안 하시고 선재동자를 비로자나 누각으로 데리고 가서 "안을 들여다보아라." 하십니다. 그래 선재동자가 작은 누각을 여니까 그 속에 온 우주의 조화세계가 출몰하는 것을 보고. 거기서 해탈을 한 겁니다. 불교 구도자의 영원한 상징인 선재동자가 해탈한 경계는 어디인가? 선재동자는 미래의 부처 미륵님의 조화세계에 눈을 뜨고 거기서 깨친 것입니다.

그럼 도솔천에 계시는 미륵님은 어떤 분인가? 『미륵상생경』에는 "이곳의 이름은 도솔타천兜率陀天이요."라고 했고 "금차천주지명今此天主之名은 왈曰 미륵彌勒이니 여당귀의汝當歸依하라."라고 했습니다.

'이곳 천주님을 미륵이라 부르나니 너희들은 마땅히 도솔천의 주님, 하느님, 미륵님에게 귀의하라'는 것입니다.

이것은 바로 2천5백 년 전, 북방 불교로는 3천여 년 전 불법의 창시자인 석가 부처님의 지엄한 진리 명령이요, 신앙 명령입니다. '여당귀의하라', 너희는 마땅히 앞으로 오시는 도솔천 천주님, 하느님의 도를 받아야 된다는 것입니다. 그런데 그뿐만 아니라 "이곳은 대의왕大醫王이 머무르시는 곳이다."[4]라고 했습니다. 대의왕은 이 세상의 병을 근본적으로 고치시는 위대한 왕입니다. '미륵님은 이 병든 세계, 병든 자연, 병든 지구촌 인간의 마음과 영혼과 육신, 이 우주 안에 있는 크고 작은 병의 근원을 뿌리 뽑는 대의왕이시다'라는 거예요. 미륵님에 대한 존칭으로 이보다 영광스러운 칭호는 없겠다는 생각이 듭니다. 미륵님은 대의왕이십니다.

또 석가불은 네 성문聲聞인 대가섭, 군도발탄, 빈두로 그리고 외아들 라훌라에게 '너희들은 지금 열반에 들지 말고 내 법이 무너진 뒤에 응당히 열반에 들라'[5]고 명령했습니다.(『미륵하생경』) 그 수석 제자, 정통을 계승한 인물이 가섭迦葉입니다. 여기 원본을 보면 '오법吾法이 몰진沒盡'이라 했는데, 이 몰沒은 빠질 몰 자입니다. 무너진다는 겁니다. 그러니까 '너희들은 인류 문명의 극적인 총체적 전환기에, 내 법

---

4) "차此는 대의왕지주처大醫王之住處니라." (『화엄경』「입법계품」)
5) "여등사대성문汝等四大聲聞은 요불반열반要不般涅槃하고 수오법몰진須吾法沒盡에 연후내당반열반然後乃當般涅槃하라."(『미륵하생경』)

이 창생을 교화하는 막다른 한계에 도달해서 무너진 뒤에 열반에 들라'는 것입니다. 지금 마음 닦아서 광명이 좀 열렸다고 되는 게 아니라는 것입니다. '우주 이법이 바뀐다, 개벽이 온다'는 것입니다.

『미륵하생경』을 보면 앞으로 도솔천 천주님, 미륵 부처님의 새 진리, 새 부처님의 법을 받는데, "석가 부처님의 법의 명령을 받은 가섭도 미륵님이 세상에 나오기를 기다리느니라."[6]라는 구절이 있습니다. 그러면 석가부처님은 본래 어느 나라 사람인가? 지금 저 유명한 히말라야 산을 오를 때 안내하는 셀파들의 고향인 네팔입니다.

네팔 사람들은 동치미 먹고 청수 올리고 기도를 합니다. 동방 신교 문화를 그대로 가지고 있습니다. 제가 히말라야 5천5백 고지까지 답사하고 그 아래 마을에 갔는데, 마치 우리 이웃마을에 간 것 같았습니다. 자고 나서 보니까 옆 마을에 사는 사람처럼, 얼굴 생긴 게 똑같습니다. 거기에 몽골 사람들이 백만 명이 산다고 합니다.

---

6) "대가섭大迦葉도 역불응반열반亦不應般涅槃하고 요수미륵출현세간要須彌勒出現世間하라."(석가여래의 제자 대가섭도 열반에 들지 않고, 미륵불이 세상에 나오기를 기다려라. 『미륵하생경』)

석가 부처의 가계는 아딧짜Adicca, 태양족이라 합니다. 또 석가의 아내, 라훌라의 어머니 야수다라 비妃의 부족은 원래 혈통이 콜리야 Koliya(拘利)라 하는데 지금의 코리Coree족이라 추정합니다. 본래 석가 부처님의 혈통은 동방에서 온 귀화족이라는 것입니다. 그 증거가 무엇일까요? 남방 불교를 보면 놀라운 것이 있습니다. 전부 상투를 틀었습니다. 상투를 튼 부처님, 어디서 많이 들어봤잖아요?

그렇지만 불교에는 미륵불에 대한 역사 왜곡이 있습니다. 『불본행집경佛本行集經』에 따르면, 석가불은 원래 도솔천에서 미륵님을 받들던 호명護明보살로 있다가 지상에 내려와 성도成道해서 부처가 되었습니다. 그런데 이것을 뒤집어서 '미륵은 원래 보살이다. 석가 생존 시에 석가의 제자였는데 젊어서 죽어 도솔천으로 가서 앞으로 부처가 되려고 대기 상태에 있다'는 식으로 왜곡시켰습니다. 또 '미륵은 석가 입멸入滅 후 56억 7천만 년 후에 오신다'고 했습니다.

지금 지구의 수명이 한 40억 년 남았다고 합니다.

상투 튼 불상▶
(태국 아유타야박물관)

그럼 지구가 다 부서져서 없어지고도 10억 년 뒤에 미륵이 어디로 오시나요? 이런 잘못된 이야기를 불교 지도자들이 서슴없이 하고 있습니다. 그리고 '8만 4천 세歲 설'도 있는데, 이것은 미륵의 출세에 대한, 고정관념처럼 잘못된 병폐라 지적하고 싶습니다. 『미륵하생경』은 미륵님이 오실 때 '기후가 고르고 사시四時가 조화된다'[7]고 했습니다. 춘하추동 사시에 극한극서가 없어진다는 것입니다. 즉 자연 개벽이 있다는 것을 말하고 있습니다. 또 '모든 사람의 인심이 골라서 한마음 같다. 모든 사람이 골고루 잘 산다'[8]는 이상적인 미륵님의 용화낙원 세계가 열린다고 했습니다.

✦ 기독교의 개벽 소식

다음으로 기독교에서는 정말로 놀라운 개벽의 한 소식을 전하고 있습니다. 「요한계시록」에 그것이 집중되어 나타나는데, '새 하늘 새 땅이 열리고 아버지 하느님이 인간 세상에 오신다'는 것입니다.

그러나 일반적인 기독교의 교설로 볼 때는 이것을 받아들이기 어려울 수도 있습니다. '하느님 아버지가 어떻게 인간으로 오시는가? 너는 하느님 아버지를 봤는가?' 이렇게 의문을 제기하는 것입니다. 지구촌 기독교, 가톨릭 신자들에게 하느님 아버지를 봤느냐고 물으

---

7) "이시시기화적사시순절爾時氣和適四時順節 인심균평개동일의人心均平皆同一意."(그때는 기후가 고르고 사시가 조화되며 인심이 골라서 다 한뜻과 같으니라. 『미륵하생경』)

8) "토지풍숙土地豐熟 인민치성人民熾盛 가항성행街巷成行."(백성이 다 고루 잘 살아서 차별이 없다. 『미륵하생경』)

면 아마 모두 '볼 수 없다'고 할 것입니다. '아버지가 무슨 형상이 있느냐, 초월신인데!' 하고 말입니다.

기독교에서 전한, 앞으로 오는 자연, 문명, 인간의 개벽을 총체적으로 정리한 한 소식이 있습니다. 가장 위대한 인류 문명의 비전인 천국 소식입니다. "회개하라, 천국이 가까웠느니라."(『마태복음』3:2) 예수가 공생애로 나가기 전, 세례자 요한이 광야에서 외친 이 한마디가 2천 년 세월이 지난 이때, 개벽 세계를 향해 가는 인류에게 중대한 생명의 메시지로 다가오고 있습니다.

"회개하라, 천국이 가까웠느니라." '회개하라', 이 말은 원래 히브리어로 테슈바흐teshuvah라 합니다. 이 말의 뜻은 '첫째, 돌아오라. 둘째, 대답하라. 셋째, 회개하라'입니다. 그러므로 '회개하라, 천국이 가까웠느니라'에서 '회개하라'의 뜻은 '돌아오라 그대여, 그만 놀고, 그만 겉돌고, 뿌리를 잃고 방황하지 말고 그만 돌아오라'는 겁니다. 이것은 천국에 대한 한 소식의 본래 외침입니다. 그러니까 '천국이 가까이 왔다'고 2천 년부터 개벽 훈련을 시키신 것입니다. 천국, 즉 하느님 아버지의 왕국The Kingdom of The God이 손에 닿을 정도로 가까이 왔다고 말입니다. 2천 년 전에 예수 성자도 '내가 유대 동네를 한 바퀴 돌고 오기 전에 온다'[9]고 그랬습니다.

이 우주 전체 역사에서 보면 2천 년이라는 것은 아주 짧은 세월일

---

9) "너희가 이스라엘의 모든 동네를 다 돌기 전에 인자가 오리라.(You will not finish going through the cities of Israel before the Son of Man comes.)" 『마태복음』10:23.

수 있습니다. 예수의 열두 제자는 터키, 그리스 등 여러 곳에서 전도했고, 막바지에 로마에서 전도하다가 순교한 사람이 많았습니다. 그 가운데 사도 요한은 로마에 잡혀가 끓는 기름 가마에 던져졌지만 죽지 않았고, 밧모섬으로 귀양을 갔습니다. 거기서 기도를 하다가 천상의 하느님 보좌 앞에 간 것입니다. 그때 백보좌의 아버지가 뭐라고 하셨는가? 사도 요한이 아버지가 하시는 말씀을 듣고 그대로 받아 쓴 것이 「요한계시록」입니다. 사도 요한은 이렇게 말했습니다.

> 내가 새 하늘과 새 땅을 보니,
> 처음 하늘과 처음 땅은 사라지고
> 바다도 더 이상 있지 않더라.
>
> 「요한계시록」 21:1

새 하늘 새 땅을 봤다는 것입니다. 이것은 문자 그대로 읽으면 됩니다. '천지의 질서가 바뀐다, 인류가 태어나 살아오던 하늘과 땅이 사라졌다'는 것입니다. 그렇다고 지구가 없어지는 게 아닙니다. 상전벽해桑田碧海, 바다가 육지 되고 육지가 바다 되는, 천지가 개벽되는 걸 봤다는 것입니다.

그런데 여기에 한마디를 덧붙였습니다. "보좌에 앉으신 분이 말씀하시기를 '보라, 내가 만물을 새롭게 하노라' 하시고"(「요한계시록」21:5)라고 했습니다. 공자, 석가, 예수를 내려보내시고 지구촌 동서고금의 모든 인간을 내려보내신 하느님께서, 인간과 신과 자연을 다스리

시며 우주 정치를 행하시는 통치자께서 "보라, 내가 만물을 새롭게 하노라."라고 하신 것입니다. 만물을 새롭게 한다는 것은 무엇인가? 천지와 만물, 온 우주를 새롭게 한다는 것입니다. 이것은 아버지 하느님이 동학에서 말한 '다시 개벽'을 직접 인간 역사 속에서 실행하시겠다는 선언입니다. 여기서 우리는 큰 기운을 받을 수 있습니다. '아, 우주 만물이 이번에 새로워지는구나. 새로 태어나는구나!' 하고 큰 깨달음을 얻을 수 있는 것입니다.

미국에서 1천만 부가 팔린, 종말론으로 유명한 『우리는 종말의 시간대에 살고 있는가 Are we living in the End Times』라는 책이 있습니다. 두 사람이 쓴 이 책을 보면 '신약에서 가장 무서운 구절은 백보좌에 계신 아버지 하느님의 최후 심판이다'라고 했습니다. '아버지의 생명책에 기록되지 않은 자는 전부 불 못에 들어가 영원히 없어진다'(『요한계시록』 20:15)는 것입니다. 기독교에는 이런 근본주의 믿음이 아주 강합니다. 그러나 사람이 죽고 사는 것은 그렇게 단순한 게 아닙니다. 운명적으로 정해진 것도 있지만 그렇지 않은 면도 많이 있단 말입니다.

그런데 기독교 2천 년 역사에서 천주님은 누구신가? 이것을 밝힌 분은 마테오 리치 Matteo Ricci(1552~1610) 신부님입니다. 리치 신부님은 16~17세기 초에 가톨릭을 전도하러 중국에 와서 유가의 문헌을 라틴어로 번역하고, 북경 땅에 묻혔습니다.

제가 그분이 태어난 곳을 답사해 봤습니다. 리치 신부님은 하느님을 어떻게 말했는가? 그분이 쓴 『천주실의天主實義』라는 책의 제목은 '천주의 참뜻'이라는 뜻입니다. 우리나라 실학자들이 이 책의 영향을 받았습니다. 그래서 가톨릭이 천주교가 된 것입니다. 이 책을 보면 "오국천주吾國天主", 우리나라의 천주님, 우리 서양의 천주님은 "화언상제華言上帝", '중국말로 상제님'이라 했습니다. '천주님은 상제님'이라는 것입니다.

20세기 초엽에 우리나라에서 처음 신약을 번역할 때도 하느님을 '상제'로 번역했습니다. 그러니까 마테오 리치 신부님은 기독교 2천 년 역사에서 서교와 유교, 양자兩者의 신관을 통일한 유일한 사람이라고 확신 있게 말할 수 있습니다.

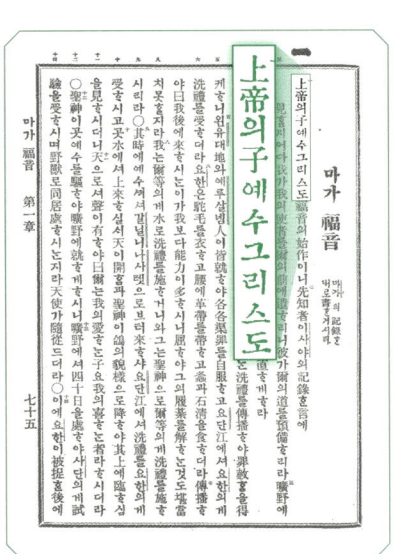

▲신약전서 신약의 하느님을 상제로 번역

✦ 유교의 뿌리와 개벽 소식

그 다음 유교로 들어가 보면, 인류의 꿈은 어디서 이뤄지는가? 이것을 결정적으로 간결하게 한마디로 말한 것이 유교의 개벽 소식입니다. 공자의 혈통은 중국 한족이 아니라 동방 사람입니다. 공자의 스승들도 동방 사람입니다. 공자는 스물여섯 살 때 산동성 아래쪽에 살던 담자郯子라는 분에게 동방 문물을 배웠습니다. 동방의 행정 조직, 국가 조직 등 관제와 문헌에 대해 공부하고 장홍萇弘과 사양師襄이라는 분에게 음악, 거문고를 배웠습니다. 그리고 동이족인 노자老子를 찾아가 예를 배웠다는 기록이 있습니다. 담자, 장홍, 사양은 다 동방 문명의 한 소식을 들은 사람들입니다.

공자의 동방 스승들

동이의 관제, 문헌	음악	거문고	예법
담자郯子	장홍萇弘	사양師襄	노담老聃(노자)
담국郯國(산동성)	동주東周	노魯나라 악관	초楚나라

『논어』를 보면 공자의 제자들이 뭐라고 기록했는가? 우리 스승님은 "술이부작述而不作 신이호고信而好古" 하신다고 했습니다. '정리해서 기록할 따름이지 새로운 것을 덧붙이고 만든 것이 아니며 옛것을 믿고 좋아한다'는 말입니다. 여기서 믿는다는 것은 동방의 옛 문화를 좋아하고 그것을 믿었다는 말입니다. 공자는 동방 배달과 조선 문명을 총 정리한 것입니다.

공자의 손자 자사子思가 『중용』을 썼는데 자기 할아버지를 "조술

요순祖述堯舜하고 헌장문무憲章文武하다.[10]"라고 평했습니다. 우리 할아버지는, 단군왕검과 동시대 인물로서 동이족 출신인 요임금과 순임금의 가르침, 그 문화 제도를 근본 모태로 삼고, 주周나라를 개창한 문왕과 그 아들 무왕의 법을 본받았다는 것입니다.

공자의 '인仁 사상'도 환국 시대 환인桓仁의 인仁[11] 사상에서 온 것입니다. 우주광명을 체득한 만고의 원형문화 인간, 그들이 나라를 다스릴 때 천지에서 사람을 낳아 기르는 인仁의 도道로써 다스렸습니다. 그러면 동서양 성자들의 모든 말씀은 어디서 이뤄지는가? 『주역』 「설괘전說卦傳」에서 그것을 아주 간명하게 '제출호진帝出乎震'이라 했습니다. 여기서 제帝는 임금님 제 자가 아니라 하느님 제 자입니다. 천상의 하느님은 상제上帝입니다. 하느님의 원 말은 환국 배달 조선에서 내려온 삼신상제三神上帝입니다. 그러니까 '제출호진'을 '삼신상제, 하느님의 문화는 동방에서 나온다.' 또는 '하느님은 동방으로 오신다'로 해석할 수 있습니다. 그리고 '종어간시어간終於艮始於艮', 자연과 문명 변화의 한 시대가 동북 간방艮方에서 마무리되고 동북 간방에서 다시 시작된다고 했습니다. 또 '성언호간成言乎艮', '간방에서 말씀이 이뤄진다'라고 했습니다. 여기서 '말씀'이란 천지의 말씀,

---

10) 요순의 도를 근본으로 삼고 문왕과 무왕의 법을 지켰다.(『중용』제30장)

11) 당시 사람들은 모두 스스로 환桓이라 부르고, 무리를 다스리는 사람을 인仁이라 하였다. 인仁이란 '임무를 맡는다'는 뜻이다. 환인桓仁이라 부른 이유는 널리 이로움을 베풀어 사람을 구제하고, 큰 광명으로 세상을 다스려서 맡은 바 임무를 수행함에 반드시 어진 마음으로 하였기 때문이다.(『환단고기』「환국본기」)

천지 변화의 도道, 그리고 천지부모가 내려보낸 모든 성자들, 동서 인류의 깨달음의 모든 사상, 문화 체계를 가리킵니다. 이 모든 것이 동북 간방에서 이뤄진다는 것입니다.

제2의 공자라 불리는 주자朱子는 말년에 공부를 많이 해서 눈이 멀었다고 합니다. 주자가 상제님에 대해 이런 가르침을 주었습니다. '이주재위지제以主宰謂之帝', 주재로써 제帝를 말한다고 하는데, "옥황대제玉皇大帝는 학자개막능답學者皆莫能答이니라"(『주자어류朱子語類』)라고 했습니다. 옥황대제는 글 배우는 자들, 책 많이 보고 경전이나 읽는 자들이 모두 능히 답할 수 없다고 한 것입니다. 옥황대제는 워낙 도가 높기 때문에, 우주의 도의 근원, 조화세계의 중심에 계시기 때문에 알 수가 없다는 것입니다. 그리고 "정기의관正其衣冠하고 존기첨시尊其瞻視하야 잠심이거潛心以居하야 대월상제對越上帝하라"(『경재잠敬齋箴』), 의관을 바르게 하고 우러러보는 시선을 존엄하게 하며, 마음을 고요히 하여 일심 경계에 머물면 상제님을 뵈올 수 있으리라'라고 말했습니다.

✦ 도교에서 전한 상제님 이야기

하느님 문화의 결론을 내리는 선가仙家, 도교로 들어가 보면 "이 우주에는 중심 하늘이 있다. 그곳은 대라천大羅天이다."(『도장道藏』)라고 했습니다. 대우주 통치자 하느님, 우주 정치를 행하시는 하느님, 그분을 상제上帝님, 옥황玉皇이라 했는데, 송나라 때는 옥황과 상제를 붙여서 '옥황상제玉皇上帝'¹²)라 했습니다. 송나라 때 왕실에서 '이 우주의 일인자는 누구냐? 그걸 알아야 천제를 제대로 지낼 것 아니냐?' 하니까 대철인들이 '옥황상제님이다'라고 했던 것입니다. 이 도교의 경전을 『도장』이라 하는데 도장경은 참으로 방대합니다. 그런데 이분들은 앉아서 도를 통해서 본 것을 쓴 게 아니라, 신선으로서 천상을 날아다니며 보고 쓴 것입니다. 불법이나 유가에는, 기도하는 서교 사람들보다 도가 훨씬 높은 이들이 많습니다. 도교에서는 '우리가 죽어서 가는 하늘은 동서남북 사방 우주에 각각 여덟 개로 32천天이 있다. 그 중심은 큰 대大 자, 벌일 라羅 자, 대라천大羅天인데 여기에 옥경대玉京臺가 있다. 옥경은 우주의 중심 수도이고 이 옥경대의 보좌에 통치자 하느님, 상제님이 계신다'라고 했습니다. 이 하늘을 36천天으로 말한 경우도 있습니다.

당나라 때 8대 신선 가운데 한 분인 여동빈呂洞賓(798~?)은 선법仙法의 도를 가장 크게 대중화했다 해서 하늘에서도 땅에서도 다 인정해 줍니다. 여동빈이 뭐라고 했는가? "옥황상제님이 계시는 곳은 대라천인데 지극히 높은 이곳은 삼천대천세계三千大千世界의 천종天宗이다." ¹³) 라고 했습니다. 천종天宗, 온 우주의 으뜸 하늘이라는 것입니다. 그래서 대라大羅, 우주 만유를 펼쳐놓고 있다는 것입니다. 제가 이분의 문

---

12) 송대宋代 진종眞宗과 휘종徽宗은 도교와 유교의 최고신 호칭과 위격을 합치시키려 노력하였다. 이로써 옥황상제를 국가와 민간, 도교 신단에서 공식적인 최고신으로 존중하게 되었다.

13) "여순양呂純陽이 왈曰 옥황소거玉皇所居는 위삼천대천세계천종爲三千大千世界天宗이니 영무퇴전永無退轉하며 지고무비至高無比하나니 고운대라故云大羅니라."

집을 보다가 깜짝 놀라서 눈이 갑자기 크게 떠졌는데요, 왼쪽 페이지 첫 줄에 이런 문구가 있습니다.

> 옥 황 지 존　　재 도 솔 능 소 천 궁
> **玉皇至尊은 在兜率凌霄天宮이시니라.**
> 『여조휘집呂祖彙集』

이 대우주의 통치자, 진정한 하느님, 모든 성자를 내려 보내시고 우주를 다스리시는 원 하느님은 어디에 계시는가? 능凌은 '능가한다, 높다'는 뜻이고, 능소凌霄는 '하늘 높이 오른다'는 뜻입니다. 능소천궁은 조화천궁입니다. 그러니까 옥황지존, 삼신상제님, 즉 천주님, 하느님은 도솔천궁에 계신다는 것입니다.

이 말은 불가의 석가 부처가 내려온 도솔천, 미래의 부처님 미륵님이 계신 도솔천궁의 주인이 우주의 통치자 상제님이라는 것입니다. 불교의 미래불, 미륵부처님과 유교나 도교에서 말한 우주의 통치자 하느님 상제님은 같은 분입니다. 세계 주요 종교의 신관이 여기서 통일됩니다. 지난 불교 3천 년 역사에서 '도솔천 천주님이 누구인지, 미륵님의 실체가 무엇인지 제대로 정의한 사람이 문헌에 기록되어 있지 않습니다. 불교의 어떤 도승도 앞으로 오실 미륵님의 위격, 신격에 대해 한마디로 정의하지 못했습니다. 그런데 신선 여동빈이 천여 년 전에 '도솔천 미륵님이 상제님이다. 그분이 우주의 통치자 하느님이다.'라고 시원스럽게 한마디를 한 것입니다.

　　　　　　　　　　　　　　　개벽으로 열리는 상생의 새 문명

✦ 성자들의 가르침의 결론, 우주의 아버지가 오신다

우리가 세계 종교의 주요 가르침의 결론을 매듭지어 보면, 지구촌 모든 종교는 원래 1만 년 전의 환국, 그리고 배달 이후로 지구촌 원형 문화, 시원 역사, 신교의 맥을 계승했다는 것입니다. 진리의 뿌리, 믿음의 뿌리, 하느님 문화의 근원, 그 맥을 계승하여 동서 성자들이 내린 가르침에는 공통점이 있습니다. 그것은 '우주의 아버지가 오신다'는 것입니다.

너희가 지금은 '나'를 받들지만 앞으로 오는 새로운 거대한 변화의 중대한 시점, 개벽기에는 우주의 원 주인, 그분을 모셔야 된다는 것입니다. 부르는 호칭은 문화권에 따라서, 언어에 따라서 미륵님, 상제님, 천주님 등으로 서로 다르지만 그분은 '동일한 한 분'입니다. 이 아버지 문화에 대해서 제가 경험한 일화가 있습니다. 한 20~30년 전, 서울 세종문화회관에서 증산도 사상을 연구한 논문집을 낸다고 우리나라 유명한 학자들이 모였습니다. 그런데 대학교 총장, 여러 교수들이 자꾸 이론적으로, 학구적으로 말하니까 제일 뒤에 있던 팔십 먹은 할아버지가 '왜 그렇게 말이 많노? 하느님 아버지가 오셨으면 됐지, 무슨 말이 많으냐 말이여!' 이렇게 말하는 것을 들었습니다.

동학은 하느님의 강세와 새 진리, 그리고 다시 개벽을 선언하며
인류 근대사의 방향을 새롭게 열어젖혔습니다.
증산도는 그 꿈을 계승하여 후천개벽의 실체와
새 문명이 펼쳐질 우주의 질서를 구체적으로 밝혀줍니다.

강증산 상제님께서 천지공사를 통해
새 시대의 설계도를 열어 놓으신 그 길은,
인류가 맞이할 가을 우주의 대전환을 향해 있습니다.

이제 인간은 인존의 자리에서 새 문명의 주역으로 나서야 하며,
다가오는 후천 세상에 대한 자각과 결단이
그 무엇보다도 절실히 요구됩니다.

제2부

근대사의
문을 연 동학과
무극대도 증산도의
후천개벽 소식

✦ 동학과 증산도에서 전하는 개벽 소식

이제 본론 마지막 주제로서 인류 문화사에서 근대사의 실제적인 출발점이 되는 동학과, 참동학 증산도에서 전한 개벽 소식을 살펴보기로 하겠습니다. 지금까지 동서고금에서 전해 온 인류의 꿈의 새 문명 이야기, 희망의 새 세상 이야기가 여기서 총체적으로 정리됩니다. 서양 강대국 중심의 역사관 때문에 인류 정신문화사에서 실질적인 근대의 출발점이 잘못 설정되었습니다. 그래서 동학에서 선언된 개벽, '개벽 소식'을 우리가 제대로 알아야 합니다.

동학의 도조 되시는 수운水雲 최제우崔濟愚(1824~1864) 대신사가 166년 전 경신년 음력 4월 5일에 소위 천상문답天上問答 사건이라 해서, 하느님과 직접 말씀을 주고받았습니다. 지금까지 모든 성자들이 전한 우주의 원 주인이신 하느님께서 그때 도통과 천명을 내리시기 전에 이렇게 말씀하셨습니다.

> 세 인　　위 아 상 제　　　여 부 지 상 제 야
> **世人이 謂我上帝어늘 汝不知上帝耶아**
>
> 『동경대전東經大全』「포덕문布德文」

'세상 사람들이 나를 상제님이라 불러왔는데, 너는 어찌해서 상제를 모르느냐?'라고 하신 것입니다. 그러니까 최수운 대신사는 도통 받기 직전에도 우주의 원 통치자, 삼신상제님에 대해서 제대로 인식하지 못했습니다. 그것은 우리 한민족이 세계 문명의 줄기와 꽃 역할을 한 유교·불교 같은 종교 문화를 받아들이면서 뿌리 문화를 자연적으로 잃어버렸기 때문입니다. 이것도 하나의 보이지 않는 섭리라 할 수 있습니다. 줄기가 나오면 뿌리는 숨는 법입니다.

"네가 어찌 상제를 모르느냐?" 이것은 최수운 대신사 한 분에게만 하신 말씀이 아니라, 이 땅에 살고 있는 모든 조선 사람, 오늘의 한국인, 지구촌 인류에게 하신 말씀입니다. '너는 어찌 상제를 모르느냐, 너는 어찌 지금 이 순간에도 상제를 제대로 모르고 있느냐?' 이때에 우리가 잊어서는 안 될 놀라운 또 다른 선언이 있었습니다. 동학의 최초 기록이라는 『도원기서道源記書』(1879)는 도의 계승자인 해월海月 최시형崔時亨(1827~1898) 선생이 기록한 것입니다. 거기에 보면 우주의 조화주 하느님 상제님이 최수운 대신사에게 "너는 내 아들이니 나를 아버지라 부르라."(上帝又日 汝吾子 爲我呼父也)라고 하신 것을 알 수 있습니다.

> 상 제 우 왈   여 오 자 위 아 호 부 야
> **上帝又曰 : '汝' 吾子, 爲我呼父也。**
> 『최선생문집 도원기서』(1879)

서양의 유대국에서 예수 성자가 하느님의 아들이라는 '하느님의 아들론'을 가지고 2천 년을 신앙해 왔습니다. 그런데 동방 땅에서도 수운 대신사로 하여금 정식으로 지구촌 새 역사에 출사표出師表를 내게 하신 '새로운 아들'이 나왔다는 말입니다.

✦ 신교의 우주적 부활을 알린 동학

이처럼 '새로운 아들'이 나온 것은 아버지가 직접 통치하시는 시대를 예고한 하나의 서막입니다. 마침내 아버지가 지상의 역사에서 입을 열기 시작하신 것입니다. 아버지 즉 삼신상제님은 9천 년 전 창세 역사 문화의 근원, 인류 문화의 뿌리인 신교의 주제, 신교 역사의 중심 주제입니다. 인간에게 말할 수 없는 큰 영광을 내려주는 한 나라의 통치자와 백성이 함께한 천제 문화의 원 주인이십니다. 그래서 우주의 통치자 삼신상제님의 신교문화가 이제 본격적으로 크게 부활하게 됩니다.

동학에 접근하는 여러 가지 연구 방법이 있습니다. 그런데 동학에 대한 깨달음의 근본은 무엇인가? 그것은 '환국-배달-조선의 인류 원형 문화, 신교의 진정한 부활, 우주적 부활이 시작되었다'는 것입니다. 우리는 이것을 잊지 말아야 합니다.

이처럼 진정한 우주적인 새 역사의 꿈이 동학에서 시작되었고, 동학은 그 신교의 부활을 알렸습니다. '신교 부활'이란 우주 통치자 삼신상제님이 역사 속의 한 인간으로 오시는 것입니다.

◀수운 최제우 대신사
(1824~1864)

개벽으로 열리는 상생의 새 문명

✦ 인간으로 오신 하느님, 천주님을 모셔야

동학의 새 시대 선언 세 가지 가운데 첫 번째 주제는 인간으로 오신 하느님 소식입니다. 가을 우주의 노래인 열 석 자 시천주侍天主 주문에 새 세상 선언이 들어 있습니다.

그 주문은 "시천주조화정侍天主造化定 영세불망만사지永世不忘萬事知"입니다. '시천주'란 '천주님을 모신다'는 것입니다. 천주님을 모시면 어떤 변화가 일어나느냐? '조화정造化定'이라는 겁니다. 정定은 '정한다, 결정짓는다'는 뜻입니다. '조화정이란 조화가 열린다, 조화가 터진다, 조화가 내린다'는 뜻입니다.

천주님을 모시면, 인간으로 오시는 천주님을 만나면, 천주님의 도를 제대로 닦으면 그 천주의 조화가 터진다는 것입니다. 그것은 천주의 조화 신권을 받아 내리는 것입니다.

시천주주

시 천 주 조 화 정 영 세 불 망 만 사 지
侍天主 造化定 永世不忘萬事知

'시侍'는 인간으로 오시는 천주님을 모시는 것이기 때문에, 우리가 시천주를 읽을 때 '시'와 '천주'를 약간 떼어 읽습니다. 천주님은 삶과 죽음을 넘어서 나의 한 생애와 항상 함께하시고, 인간의 역사 속에서 우리와 함께하십니다. 천주란 바로 '하늘의 주인'입니다.

본래 동양 언어는 '사물', '천지'라는 말에서 보듯이 음양 짝말로

돼 있습니다. 그래서 천주가 곧 천지, 하늘땅의 주인이며 상제님, 하느님인 것입니다. 동서의 모든 종교, 신앙 문화의 최종 결론은 어디에 있는가? 모실 시侍 자에 있습니다. 누구를 모시느냐? 인간으로 오시는, 인간 세상에 내려오시는 삼계 우주의 통치자 조화주 하느님, 천주님을 모시는 것입니다.

인간으로 오시는 아버지 천주님이 조화 세상을, 조화 문명을 여십니다. 천주님이 조화 도통의 세계를 여신다는 것입니다. 그러니까지금 과학이나 이성적인 단편적 지식만 갖고는 얘깃거리가 안 되는것입니다. 우리가 이전에 깨달은 문화 의식 가지고는 시천주 조화정세계에 대해서 뭐라고 말할 수 없는 것입니다.

✦ 영세불망만사지의 뜻

'시천주 조화정' 다음에 이어지는 구절은 "영세불망만사지永世不忘萬事知"입니다. '영세토록, 영원토록 불망, 만사를 아는 은혜를 잊지 못하옵나이다'라는 뜻입니다. 우리가 뭘 배우면 금방 잊어버립니다. 어지간히 깊이 깨치지 않고는 잊어버려요. 그래서 '불망不忘', 깨어 있음, 영원히 깨어 있음이 매우 소중합니다. 우리는 밝은 마음, 굳건한 심법, 환국·배달·조선의 우주 광명의 신교의 밝은 심법으로 깨어 있어야 합니다. 하늘·땅·인간, 우주 광명, 우주 성령의 원 주인이신 상제님의 심법으로, 상제님의 조화의 도로 깨어 있어야 된다는 것입니다.

천주님의 조화법을 받으면, 조화성령의 신권神權을 받으면 '만사지

萬事知'의 도통 문화에서 살게 됩니다. "열석 자 지극하면 만권시서萬卷詩書 무엇하리"(『용담유사龍潭遺詞』)라는 수운 대신사의 동학가사 구절이 있습니다. 시천주 주문의 열석 자 뜻을 제대로 알면 만 권 시서도 별 볼 일 없는 것입니다.

이 시천주 주문은 새로운 우주가 열리고, 지구촌에 낙원 세상이 열리는 개벽 소식의 첫 관문인 하느님의 강세를 노래한 가을 우주의 노래입니다. 이 열 석 자의 진정한 진리 핵심, 개벽 소식의 결론, 개벽 소식의 본론장을 제대로 알지 못하면 그동안 우리가 공부하고 알고 깨닫고 믿어 왔던 모든 것이 아무 의미가 없습니다. 그래서 아버지의 세상, 아버지 문명 시대를 제대로 알아야 합니다.

학자들이 '시천주 조화정 영세불망만사지'의 핵심 주제를 흔히 '시侍·정定·지知'라 합니다. 시천주 주문의 핵심은 크게 보면 모실 시侍 자와, 정할 정定 자 그리고 알 지知 자라는 겁니다. 만사지에서 '지'라는 것은 서양의 인식론이나, 종교에서 말하는 깨달음, 도통경계를 뛰어넘는 '궁극의 앎'입니다. 만사지는 새 우주가 열려서 거기에서 다시 태어날 천지자연과 인간의 문명과 역사, 거기서 들을 진정한 생명의 새 소식입니다. 그런데 그것만이 아닙니다. 원 주제는 모실 시 자와 음양 짝인 '천주'입니다. 천지의 주인을 제대로 알아야 되는 것입니다.

✦ 도道와 제帝는 진리와 깨달음의 주제

도道를 하는 사람이 어떤 집의 주인을 만나러 갔는데 막상 그 집에 가서 보니 주인이 없더라는 말이 있습니다. 이 우언寓言처럼 우주의 통치자는 없고 자연만 말없이 고독하게 돌아가고 있는 줄 압니다. 『노자』·『장자』 같은 도가류道家類 책이 다 그렇습니다. 우주의 도의 원 주인을 모르기 때문입니다. 이 도道와 그 주인 제帝의 문제는 우주의 진리의 근본 깨달음의 주제입니다. 그래서 동서 사상과 주요 종교의 진리, 믿음, 깨달음의 주제는 바로 이 열석 자 주문에 있습니다. 천지의 원 주인 천주, 그분과 어떻게 하나가 되느냐 하는 모실 시侍의 문제입니다. 한순간에 열린 조화 성령의 체험과 생명과 지혜를 내 마음속에서 어떻게 결정짓느냐, 일체가 되게 하느냐 하는 것입니다.

내가 얼마나 진리의 원 궤도를 이탈하지 않고 영원히 그 정도正道를 따라갈 수 있느냐 하는 '영세불망'은 각성의 문제, 결단의 문제이며 불굴의 의지의 문제입니다. 영세불망은 진정한 깨달음을 향한 구도자의 품격 있는 삶의 문제입니다. 영세불망만사지의 기본 뜻을 알아야 가을 우주의 노래를 제대로 부를 수가 있습니다.

✦ 지기至氣는 상제님 성령의 조화 기운

"시천주 조화정 영세불망만사지 지기금지원위대강" 지금 '지기금지원위대강'에서 '지기至氣'란 무엇인가? 천주님이 다스리는 온 우주에 충만해 있는 천주님의 조화 성령의 지극한 생명 기운입니다.

개벽으로 열리는 상생의 새 문명

흔히 기氣 사상에서 논하는 그런 지기가 아닙니다.

　오직 『환단고기』에서만 그 한마디를 말합니다. 이 대우주의 바다, 기의 중심에도 조물주 삼신, 상제님이 계시고 이 기의 바다 테두리 밖에도 상제님의 성령이 둘러싸고 있다는 것입니다. 이처럼 지기라는 것은 상제님 성령의 조화 기운입니다.

일 기 자　　내 유 삼 신 야
一氣者는 內有三神也오
일기一氣 속에 삼신이 계신다

삼 신 자　　외 포 일 기 야
三神者는 外包一氣也라
삼신은 밖으로 우주의 한 조화기운(一氣)에 싸여 계신다

『환단고기』 「태백일사」 〈소도경전본훈〉

　'지기금지至氣今至', 조화주 상제님의 성령의 기운을 이제 여기서, 지금 이 순간 '원위대강願爲大降', 원컨대 크게 내려주시기를 바라옵나이다. '지기금지원위대강, 지기금지원위대강'.

✦ 시천주가 양천주, 인내천으로 왜곡됨

　동학이 동학혁명을 거쳐 20세기 초엽에 들어오면서, 시천주가 '양천주養天主'로 '인내천人乃天'으로 바뀌어 버렸습니다. 근대 역사의 문을 여는 개벽 문화의 주제, 큰 틀이 사실은 이렇게 왜곡되었습니다.

지금 초·중·고등학교, 대학 교재에 전부 '인내천'으로 되어 있습니다. 동학은 천도교로 바뀌고, 시천주는 인내천으로 왜곡되었다는 말입니다. '사람이 하늘이다'가 아니라 원래 '시천주'입니다.

미륵님이 오신 땅, 천주 아버지가 오신 땅, 희망의 새 하늘 새 땅을 여는 새로운 문화가 출현한 대한민국에서, 이런 이야기를 왜 있는 그대로 받아들이지 못하느냐 하는 안타까움이 있습니다. 시천주가 인내천으로 왜곡되어서 인간으로 오시는 하느님을 모시는, 5만 년 새 역사의 구도求道 문화의 토대가 송두리째 무너져 버렸습니다.

✦ 새 진리, 열매 진리가 나온다는 선언

동학의 두 번째 소식은 가을 우주의 새 진리, 열매 진리가 나온다는 놀라운 이야기입니다. "호천금궐昊天金闕 상제님을 너희 어찌 알까 보냐. 무극지운無極之運 닥친 줄을 너희 어찌 알까 보냐. 무극대도無極大道 닦아 내니 오만년지五萬年之 운수로다."(『용담유사』) 이처럼 '무극의 운수를 맞이하는 것이다, 이 도를 닦으면 5만 년 운수를 받는다'라고 하면서 우주 운행의 미래 변화 소식을 선언했습니다. 지금 우리가 말하는 '새로운 역사 개벽 이야기 담론'은 '5만 년 새 문명 이야기'입니다. 무극의 운수, 무극대도를 지금 대한민국의 최고 사상가들이 뭐라고 말하는가? '우주가 생겨나기 전의 무극無極에서 태극太極이 열리고, 태극에서 음양陰陽이 열렸다'라고 합니다. 그런 무극으로만 아는 것입니다.

'무극의 운수가 닥친 줄'이라는 말에서 무극이란, 앞으로 오는 새로운 우주의 변화입니다. '무극의 운수'라는 것은 쉽게 말해, '앞으로 오는 우주의 새로운 변화의 운, 천지의 큰 변화의 운수'를 말하는 것입니다. 한마디로 가을 우주의 질서, 그 무궁한 생명을 무극으로 정의합니다. 이것을 수로써 '10무극'이라 합니다. 태극의 모체인 무극, 그것은 우주의 '혼원混元 무극'으로 0무극이라는 것입니다. 그것은 아무것도 없는, 조화의 우주 바다라는 말입니다.

> 무 극 대 도
> **無極大道**
>
> **지구촌 일가一家, 지상의 이상낙원**
> **새 시대를 상징하는 우주론 언어**

무극대도는 종교가 아닙니다. 무극대도는 인간의 의식주 생활문화, 인간 역사의 전 영역, 나아가 인간과 문명, 온 우주의 질서를 새롭게 바꿔서, 새 세상을 열어서 전 지구촌 인류의 마음과 영혼의 병을 치료하고 한마음이 되게 하는 대도입니다. 지상에 열릴 무궁한 낙원의 새 시대를 '무극대도, 무극의 운수'라는 새로운 언어로 선언한 것입니다.

✦ 참동학 증산도에서 밝혀주는 '다시 개벽'

다음은 동학의 세 번째 소식입니다. "십이제국 괴질운수 다시 개벽 아닐런가."(『용담유사』)에서 보듯이 '개벽이 다시 일어난다'는 것입니다. 지구촌 문명의 실질적인 문제는 이름을 알 수 없는 병란病亂이 자꾸 주기적으로 오는 것입니다. 이 병란을 극복해야 살아남는데 이것을 이겨내는 법을 천주님이 오셔서 내려주신다는 것입니다.

그런데 동학 이후에 지금까지 '다시 개벽'의 구체적인 한 소식이 무엇인지 제대로 알기 쉽게 논리적으로 제기한 문화 담론이 거의 없었습니다. 다시 오는 개벽의 실체가 바로 동학의 꿈과 이상을 성취하는 참동학, 무극대도 증산도에서 체계적으로 밝혀집니다.

그러면 개벽 문화 담론의 실제 근원이면서 중심지인 무극대도 증산도를 간단히 정리하면서 오늘 말씀을 마무리 지을까 합니다.

✦ 독립운동 지원의 심장부, 정읍 보천교

동학의 꿈을 성취하는 증산도 초기시대가 열렸던 정읍井邑을 가 보면 아주 놀라운 문화 사건을 접하게 됩니다. 오늘의 대한민국을 탄생하게 한 독립운동의 중심지가 어디냐? 물론 중국 상해上海입니다. 그런데 상해 임시정부에 자금을 보낸 생명선은 어디인가? 바로 정읍 대흥리에 있었던 보천교普天教입니다. 동학은 그 신도가 2~3백만 명에 이르렀지만 동학혁명이 실패하자 흩어지고 말았습니다. 그 후 1920년대 초에 정읍 대흥리에 본부를 둔 보천교에 6~7백만의 참동학 구도자가 운집했습니다. 정읍에 거대한 구도자 집단촌이 있었고 그 중심에 대궁전이 있었습니다. 그 궁전의 이름은 십일전十一殿이었습니다. 십무극十無極과 일태극一太極을 합쳐서, 앞으로 오는 십무극, 즉 가을 우주의 이상세계를 통일한다는 뜻으로 십일전이라 한 것입니다. 십일전은 중국 역대 임금의 궁전보다 그 내부가 더 컸습니다. 만주에 있던 거대한 나무를 베어 와서 십일전을 지었습니다.

보천교가 독립운동 자금의 심장부였기 때문에 일제가 탄압을 했습니다. 교주 차경석車京石(1880~1936) 성도가 세상을 떠나고 얼마 안 되어 보천교 건물은 경매에 부쳐졌습니다. 십일전을 뜯어다가 지은 것이 지금 서울 종로 2가에 있는 불교의 총본산인 조계사曹溪寺의 대웅전입니다.

1920년대에 김좌진金佐鎭 장군이 청산리 전투에서 승리한 것도 보천교에서 거금 2만 원을 보냈기 때문에 가능했습니다. 그 돈으로 무기를 사고 군 조직을 정비하여 대승을 거뒀습니다. 조만식曹晩植 선생이

정읍 보천교에 잠입해서 독립운동 자금을 지원받았다는 기록도 있습니다. 그런데도 보천교를 부정적으로, 흠집을 내는 쪽으로 연구한 논문이 적지 않습니다.

보천교 독립운동 자금 지원 기사

년도	사건명
1920	국권회복운동에 동참(독립운동 성금 수합)
1921	상해임시정부 군자금 11만원 지원(전주 일경에게 압수)
1924	김좌진 장군에게 군자금 2만원 지원 상해임시정부에서 보천교 본소에 군자금 모집
1925	상해임시정부 정의부에 독립운동자금 독립운동가 조만식이 군자금 모집차 보천교 본소에 잠입 임시정부 정의부 독립운동 자금 모집 위해 보천교에 잠입

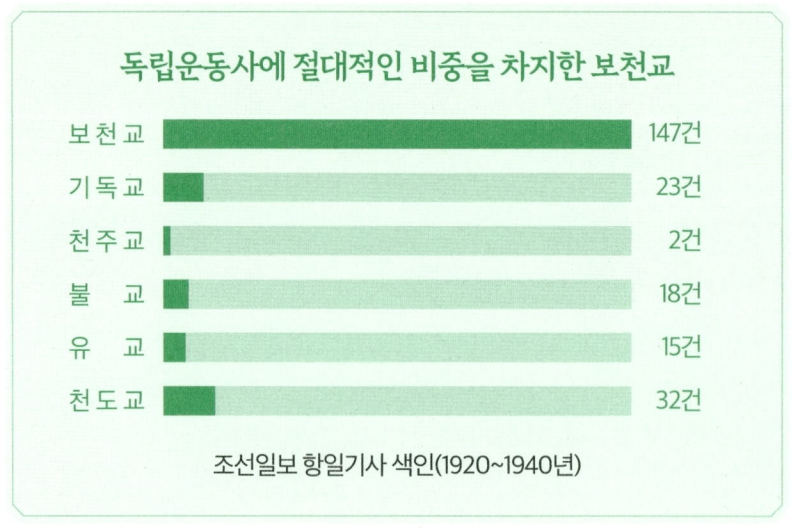

독립운동사에 절대적인 비중을 차지한 보천교

보천교	147건
기독교	23건
천주교	2건
불교	18건
유교	15건
천도교	32건

조선일보 항일기사 색인(1920~1940년)

실제 정읍은 어떤 곳인가? 이승만李承晩 박사가 1946년 6월 3일에 정읍에 내려와서 중대한 발언을 했습니다. '우리 남방(남한)만이라도 임시정부를 조직하자'고 했습니다. 김구金九 주석도 1945년 11월 23일 김포 비행장에 들어오면서 '우리가 정읍 보천교에 많은 빚을 졌다'고 했습니다. 보천교에서 많은 지원을 했다는 것입니다.

정읍은 근대 독립운동의 고향입니다. 그런데 증산도의 초기시대, 6백만 구도자 시대가 제대로 알려지지 않았습니다. 서교 중심으로 또는 불교 중심으로 잘못 알려지거나 부정적으로 알려진 것입니다. 일제가 우리의 민족정신을 말살하기 위해서, 한민족 역사의 뿌리를 제거하기 위해서 한국의 자생自生 종교를 '유사종교類似宗敎', '사이비似而非'라 했기 때문입니다. 바로 그 한마디 때문에 오늘의 한국인들이 '아, 저거 사이비, 시원찮은 민족종교, 얘깃거리도 안 되는 국수주의자들이 9천 년이나 떠든다, 『환단고기』나 떠든다'고 말하고 있습니다. 우리가 근대 역사의 전체 대세를 놓고 보면 오늘의 대한민국 역사를 만든 독립운동의 고향은 정읍입니다. 오늘날 정읍에서 그런 역사를 제대로 밝히려는 운동이 일기 시작했습니다.

✦ 증산도는 가을 우주 무극의 운수를 여는 열매 신교

우주의 원 통치자 삼신상제님이 독립운동의 고향, 정읍(고부)에 인간 몸으로 오셨습니다. 그분이 바로 무극대도 증산도의 도조道祖이신 강증산 상제님입니다. 강姜씨 성으로 오신 상제님의 존호尊號는,

성숙시키고 익히는 가을 우주의 정신을 상징하는 시루 증甑 자, 뫼 산 山 자 '증산甑山'입니다. 그래서 '강증산姜甑山 상제님'이라 합니다. 오늘 이 자리에서는 진리 대의와 앞으로 우리가 준비해야 할 개벽의 핵심에 대해서 몇 마디를 전하고 마무리를 짓겠습니다.

인류의 원형문화 신교에서 줄기가 뻗어서 문화의 꽃이 활짝 피었습니다. 그 꽃이 유불선儒佛仙, 기독교, 이슬람 같은 기성 종교입니다. 그리고 이제 열매를 맺습니다. 뿌리에서 줄기와 이파리가 나오고, 꽃이 피고 나면 그 진액을 다 거두어서 열매를 맺습니다. 제3의 신교가 나오는 것입니다. 유불선, 기독교는 제2의 신교이고, 제3의 열매 신교가 나오는 것입니다. 이 열매 신교는, 근대 역사 출발점 동학을 이어 가을 우주의 무극의 운수를 여는 무극대도입니다. 이것은 단순한 종교가 아니라 인류 문화의 전 영역을 통일하는 무상無上의 무궁한 대도입니다. 그 조화와 창조성을 헤아릴 수 없는 우주 조화권자, 우주 주권자, 우주 통치자 하느님, 천주님, 아버지 성부님의 대도입니다. 이 무극대도를 어떻게 인간 문화의 한 영역, 종교로 얘기할 수가 있느냐 말입니다.

상제님께서 '내가 왜 이 동방 땅에 오게 됐느냐? 너희 조선이 천지 신명을 가장 잘 위하기 때문이다'[14]라고 하셨습니다. 여기는 유일신 唯一神을 받드는 데가 아닙니다. 천지 안에 있는 모든 신명을 받드는

---

14) "이 세상에 조선과 같이 신명神明 대접을 잘하는 곳이 없으므로 신명들이 그 은혜를 갚기 위하여 각기 소원을 따라 꺼릴 것 없이 받들어 대접하리니…"(『道典』2:36)

것입니다. 그래서 증산 상제님께서 "최수운이 성경신이 지극하기에 내가 천강서天降書를 내려 대도를 열게 하였더니 조선 조정이 그를 죽였으므로 천지의 모든 신명들이 분노하였느니라."(『道典』4:9, 5:125)라고 하셨습니다. 상제님께서 장차 세상에 직접 내려오실 것을 수운으로 하여금 사람들에게 알리게 하였으나 수운이 능히 유교의 테 밖에 벗어나 대도의 참빛을 열지 못하므로 드디어 갑자(1864)년에 천명과 신교를 거두고 신미(1871)년에 스스로 이 세상에 내려오신 것입니다.

또 상제님께서는 "나의 일은 천지를 개벽함이니 곧 천지공사니라."(『道典』5:3)라고 하셨습니다. 상제님께서 이 세상에 오신 것은 하늘과 땅, 인간 역사에 새 질서를 여시기 위한 것이고 실제로 그런 일을 행하셨습니다. 상제님이 9년 동안 행하신 그 일을 천지공사天地公事라 합니다. 이 천지공사에 후천 5만 년, 이 우주의 새 역사의 비전이 다 들어 있습니다.

✦ 깨달음 문화의 최종 결론, 우주 1년 이야기

상제님께서 "네가 나를 믿어 힘을 쓸진대 무릇 남이 만들어 놓은 것을 인습因襲할 것이 아니요, 새로 만들어야 하느니라."(『道典』5:3)라고 말씀하셨습니다. 이 말씀 속에는 우리의 새 문명, 새 역사, 새로운 도덕 가치가 강렬하게 제기되고 있습니다. 앞으로 이 우주 역사의 틀이 바뀌는 진정한 패러다임의 전환, 인식의 전환, 지구 문명 시스템의 전환이 있습니다. 무극대도 증산도에서 밝히는 9천 년 역사의 깨달음, 우주관의 최종 결론은 무엇인가? 「천부경」을 이어서, 배달 때 태호복희씨太皞伏羲氏의 하도河圖가 나왔습니다. 그 다음에 9년 홍수로 중국 문명이 무너질 때 단군왕검이 아들 부루 태자를 보내어 대홍수에서 건져 주시기 위해 전한 「홍범구주洪範九疇」를 계승해서 낙서洛書가 나왔습니다. 그 이후 근대사 출발점에서 '다시 개벽'이 나오고 상제님이 강세하신 이후 '선후천 개벽관'이 나왔습니다. 깨달음 문화의 최종 결론은 우주 1년 이야기입니다. 우주 1년 선후천 개벽관이 종이 한 장에 정리되었습니다.[15] 그래서 만인이 다 이해할 수 있습니다. 어린아이와 대학 교수, 전문가와 할아버지, 할머니, 손자가 우주 1년 이야기를 동시에 듣고 이해할 수 있습니다.

✦ 우주 창조 설계도 하도河圖와 봄여름 양도 변화 낙서洛書

그 진리 근원이 「천부경」이고 하도입니다. 이 우주를 합리적으로 또 시공간의 틀 속에서 이해한 5천5백 년 전 태호복희씨가 삼신상제님의 계시를 받아내린 하도와 낙서를 잠깐 보겠습니다.

하도라는 것은 무엇인가? 하도는 열 개의 수로 인간과 이 우주, 시간 공간을 정의하는데 북쪽에 1이 있고 남쪽에 2가 있습니다. 동방 봄에 3, 서방 가을에 4가 있고 중앙에 5가 있습니다. 1, 2, 3, 4, 5. 그 5

---

15) 안운산 태상종도사님께서 상제님 진리의 큰 틀을 누구도 쉽게 알 수 있도록 우주 일 년 도표를 1946년에 처음 공표하셨다. 태상종도사님이 그리신 이 한 장의 도표에 동방의 우주사상과 인류 문명사에 대한 깨달음의 총 결론이 담겨 있다.

가 다리를 놓아서 6, 7, 8, 9, 10이 나옵니다. 1, 3, 5, 7, 9는 하늘의 수, 천수天數로서 하느님 아버지의 정신을 상징합니다. 또 2, 4, 6, 8, 10은 어머니 땅인 지구 변화의 도, 어머니 하느님의 정신을 상징합니다.

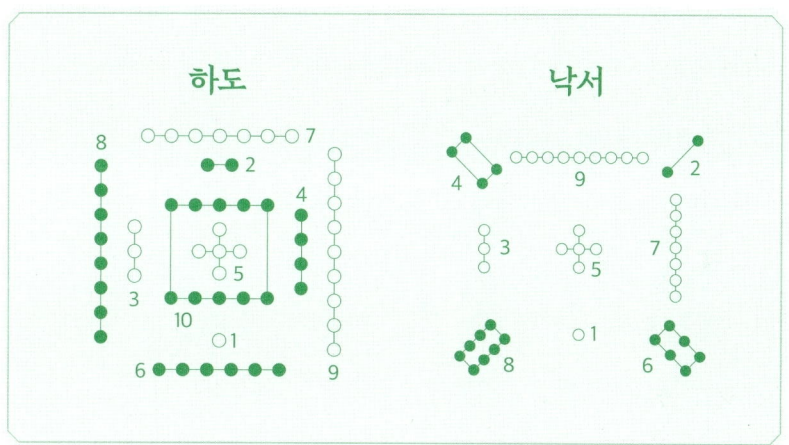

하도는 정 동서남북, 봄·여름·가을·겨울에 작용하는 천지의 생명을 수로써 나타냅니다. 동방 봄은 3.8 목木, 남방 여름은 2.7 화火, 서방 가을은 4.9 금金, 북방 겨울은 1.6 수水입니다. 중앙 5.10 토土는 완전한 조화와 균형을 상징합니다. 인간과 우주의 영원한 이상세계, 창조의 궁극 이상인 퍼펙트 밸런스Perfect Balance, 완전한 조화를 보여줍니다. 그래서 하도는 우주 창조의 설계도입니다.

낙서라는 것은 무엇인가? 이것은 실제 움직이면서 만물을 낳아서 기르는 것을 나타냅니다. 그래서 1, 3, 5, 7, 9 양수가 사정방四正方, 정 동서남북에 자리를 잡고 있습니다. 이것은 양의 시대, 봄여름의 양도陽道 변화를 나타냅니다. 이와 달리 가을의 음도陰道 변화는 이상적인 안정, 균형, 성숙, 조화, 하나 됨, 지극한 행복을 상징합니다. 인간 머릿속의 잡념, 욕망의 사고가 송두리째 무너지고, 우주 자체가 된 인간을 상징하는 것입니다. 하도와 낙서 이 두 가지를 근본으로 해서 봄여름과 가을 겨울, 분열과 통일을 100수로써 보여줍니다.

우주 일 년에는 선후천, 두 개의 하늘이 있습니다. 인간이 살아야 할 두 개의 하늘이 있습니다. 그것은 선천과 후천입니다. 선천과 후천이 열리는 것이 선천개벽과 후천개벽입니다. 인간이 처음 태어나서 살아가는 생장과정은 선천 세상이고 우주의 봄여름입니다. 그리고 이쪽 선천 세상에서 저쪽 후천 세상으로 넘어갑니다. 선천 봄여름 세상에서 후천 가을로 넘어가야 되는 것입니다.

이제 선천 봄여름이 닫히고, 후천 가을이 열립니다. 어둠 속 깊이

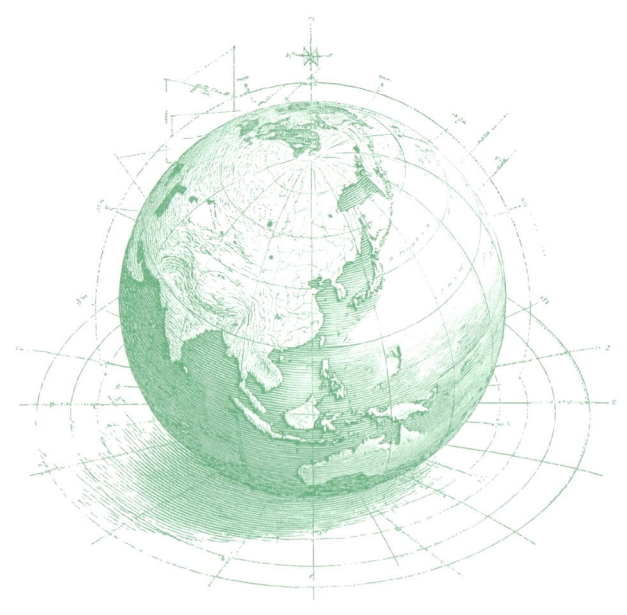

닫혀 있는, 진리의 궁극을 알 수 없는 선천 봄여름에서 가을로 뛰어 넘는 것입니다. 열린 우주를 향해서, 가을을 향해서 우리는 다 함께 가야 합니다. 이 선천과 후천, 선천개벽과 후천개벽, 선천개벽관과 후천개벽관을 제가 우리 구도자들에게, 5백 번 이상 듣고 천 번 이상 말해 보라고 합니다. 가족과 형제간에, 이웃과 더불어서, 학교에서 직장에서, 좌담하면서 한마디씩 수백 번, 수천 번을 말해 보아야 하는 겁니다.

✦ 선후천 개벽관은 우주관의 결론

우주 1년의 선후천 개벽관은 우주관의 결론입니다. 우리는 지금 어느 때에 살고 있는가, 우리는 지금 어디로 가고 있는가? 하루라는 순환 주기가 있고 지구에 봄·여름·가을·겨울로 순환하는 1년 주기 가 있듯이, 이 우주에도 인간이 처음 태어나서 생장을 끝마치는 주 기로서, 봄여름 선천이 있습니다. 그리고 모든 인류가 천지와 같은 큰 사람이 되어서 사는 전혀 다른 새 세상이 열립니다. 가을, 후천 세 상이 있는 것입니다.

지구는 하루에 한 번 자전自轉합니다. 이 자전 도수度數 360을 360번 반복하면 12만 9천6백 도가 됩니다. 지구 1년과 우주 1년은 그 도수 가 같습니다. 우주의 봄, 여름, 가을, 겨울은 합쳐서 12만 9천6백 년 입니다. 이 12만 9천6백 년, 약 13만 년을 주기로 우주의 일 년 사시四 時 변화가 전개됩니다. 이번에는 5만 년 전에 현생 인류가 태어나고 태고 문명이 개벽되었습니다. 1만 년 전에 시작된 환국문명 이후 지금 여름철 말이 되었습니다. 이제 이 여름 문명에서 가을 우주 문명으로 들어서는 것입니다.

우리가 살아온 선천에는 상극相克이 우주 질서로 작용합니다. 선천은 상극의 운運입니다. 선천은 우주의 균형이 무너져서, 지축도 정남북이 아니라 동북으로 기울어지고 태양계 모든 별도 자전축이 기울어져 있습니다. 그래서 사람 마음도 수시로 제 중심으로 기우는 것입니다. 천지와 인간이 하나가 되지 못하고 틈새가 생긴 데에서 근본 어둠, 우주의 어둠이 깃듭니다. 이것을 조화시켜 일체가 되게 하고 우주 광명을 복원하는 것이 모든 종교의 사명입니다.

지난 봄여름 선천 세상은 상극의 이치, 상극의 자연 질서, 상극의 우주 이법이 만물을 낳아 기르면서 세세토록 전쟁이 그칠 날이 없었습니다. 이 지구에는 지금도 전쟁이 계속되고 있습니다. 원한이 원한을 낳고, 원한이 천지를 채워서 세상에 참혹한 재앙을 불러일으키고 있습니다. 오늘날 1, 2차 세계 전쟁 같은 대전쟁은 몇십 년간 일어나지 않았지만 동북아 역사전쟁을 거치면서 평화가 무너지려는 조짐이 있습니다. 지금 새로운 거대한 변혁이 성큼성큼 우리 한반도를 향해 다가오고 있습니다.

✦ 크게 성공하려면 가을 운수 무극대운을 타야

왜 상제님이 강세하셨는가? 천지신명들이 우주 상극 질서의 종점에서 이 세상을 건지려 해도 아무 방책이 없었기 때문입니다.

석가모니도 공자도 예수도, 어떤 성자도 우주의 상극 질서를 바꾸어야 한다고 생각한 사람이 없었습니다. 그런 깨달음을 가진 성자가 없었고, 그런 가르침을 가진 종교도 없었습니다. 근대사의 첫 출발점 동학과 그 꿈을 성취하는 무극대도 증산도에서 최초로 우주의 질서를 들고 나왔습니다. 선천 상극에 따른 원한은 누구도 끄르지 못합니다. 그것은 우주 질서에서 태동된 것이기 때문에, 오직 우주의 통치자 조화주 하느님, 천주님이 직접 인간 역사 속에 한 인간으로 태어나셔서 새로운 우주 질서를 선포하신 것입니다.

지금 우리나라 정치계에서 생활화된 언어, '상생相生'이 바로 그 새로운 질서입니다. "나의 도는 상생의 대도이니라."(『道典』2:18)라는 말씀과 같이, 상생은 강증산 상제님의 가을 우주 개벽문화 진리 주제입니다. 상생은 가을 우주의 하늘과 땅과 인간이 이루는 완전한 균형과 조화, 그 일체된 새로운 우주 질서, 가을 우주 질서입니다.

지금 우리는 여름에서 가을로, 양도陽道 변화에서 음도陰道 변화의 통일, 수렴, 성숙의 시간으로 넘어가고 있습니다. 상제님께서 "천지 대운이 이제서야 큰 가을의 때를 맞이하였느니라."(『道典』7:38)라고 하셨습니다. 그동안 수만 년 세월을 넘어서 이제야 큰 가을의 때를 맞이했다는 것입니다. '이제야'라는 말은 사실 숨을 좀 크게 쉬면서, 느끼면서 읽어야 합니다.

상제님께서 "세계대운이 조선으로 몰아 들어오니 만에 하나라도 때를 놓치지 말라."(『道典』3:14)라고 하셨습니다. 정말로 인간으로서 우주적인 큰 성공을 하려면 이 가을 운수 무극대운, 가을 우주의 대운을 타야 한다는 것입니다. 그래야 크고 작은 모든 꿈을 성취할 수 있습니다. 여기에 우리가 인간으로 태어나서 사는 목적이 있어요.

✦ 뿌리를 찾아야 생존하고 성공한다

이 우주의 가을 정신은 무엇인가? 열매를 맺는 변화 정신은 "이 때는 원시반본하는 시대라."(『道典』2:26)라고 선언하신 그대로 근본으로, 뿌리로 돌아가는 것입니다. 자신의 뿌리를 찾아야 산다는 것입니다.

나의 뿌리를 찾아야 열매를 맺습니다. 진정한 열매를 맺는 인간, 성숙한 인간, 상제님이 잘 쓰신 언어로 가을철의 '씨종자' 인간이 됩니다. 그러면 그 일차적인, 직접적인 뿌리는 무엇인가? 바로 나를 낳아 주신 아버지·어머니와 조상님입니다. 이번에는 조상을 배반하면 다 죽습니다. 뿌리를 부정하면 초목도, 풀잎 하나도 생존할 수가 없습니다. 뿌리 기운을 받아서 그 기운으로 매순간 생존하기 때문입니다.

그래서 상제님께서 "너희에게는 선령先靈이 하느님이니라."(『道典』7:19), "먼저 조상에게 빌고 그 조상이 나에게 와서 빌어야 뜻을 이루느니라."(『道典』9:213)라고 하신 것입니다. 하느님 아버지에게 드리는, 천주님에 대한 기도법이 따로 있습니다.

조상을 무시하고 '나는 아버지 하느님, 천주님하고만 직접 통한다' 하는 사람이 있다면, 그 사람은 제 조상을 욕되게 합니다. 조상을 찾지 않고 하느님 아버지를 찾는 자는 욕급선령辱及先靈,[16] 조상을 욕되게 합니다. 조상을 부정하는 자의 기도는 천상에 도달할 수 없습니다.

✦ 문명개벽의 마지막 전쟁과 괴질 운수

증산도에서 전하는 가을개벽, 후천개벽 소식으로 보면, 앞으로 동북아에 인류 역사의 정의를 총체적으로 바로잡는 문명개벽의 마지막 전쟁이 있습니다. 이것을 한반도를 중심으로 하여 지구촌 4대 강국이 바둑을 둔다는 '오선위기五仙圍碁'로 말하고 있습니다. 세운世運은 다섯 신선이 바둑판을 둘러싸고 바둑을 두는 형국인데, 이제 마지막 한 판 바둑이 남았습니다.

이제 바둑이 끝나면 판과 바둑은 주인에게 돌아갑니다. 그러니까 한민족의 진정한 통일이 있습니다. 미국이 물러갈 때는 붙잡으려 해도 스스로 물러나는 그런 큰 변화가 있습니다. 그냥 물러가는 때가 있는 것입니다. 그리고 동북아 마지막 역사 주도권 전쟁, 역사 전쟁이 있습니다. 『도전』 5편 202장에 이런 말씀이 있습니다. "앞으로 천지전쟁이 있느니라." 이 말씀은 제가 보천교 차경석 성도의 아드님을 통해서 들은 것이기도 합니다. 동북아의 마지막 역사 전쟁은 천지전쟁입니다.

---

16) "너희는 선령을 찾은 연후에 나를 찾으라. 선령을 찾기 전에 나를 찾으면 욕급선령辱及先靈이 되느니라."(『道典』 7:19)

이 천지전쟁은 영어로 번역이 안 됩니다. 각국어 원어민들이 '도대체 천지전쟁이 뭐냐'고 합니다. 천지가 싸움을 한다는 거냐, 천지 공간에서 전쟁이 터진다는 거냐? 천지전쟁이 무엇인지 한번 깊이 생각해 보시기 바랍니다. 싸우다 보니까 천지가 틀어져 버리는 그런 천지전쟁, 동북아의 실제적인 마지막 한 판, 초강대국이 개입하는 역사 전쟁이 있습니다. 그런데 이때 함께 오는 문명개벽의 여러 손길이 있습니다.

> 선천의 모든 악업惡業과 신명들의 원한과 보복이
> 천하의 병을 빚어내어 괴질이 되느니라.
> 어떤 약으로도 고칠 수가 없느니라.
>
> 『道典』7:38

이 괴질은 166년(2026년 기준) 전에 동학에서 '십이제국 괴질 운수'로 이미 예고된 것입니다. 십이제국, 그 시대가 진정으로 마감되는 큰 변화의 손길이 옵니다. 그것은 괴질怪疾 운수입니다. 그래서 상제님께서 "오직 의통醫統을 알아 두라."(『道典』7:38)라고 하셨습니다.

의醫는 살릴 의 자, 의원 의 자입니다. 병에 걸린 사람을 살려서 통일을 합니다. 남북통일뿐 아니라 거대한 지구촌 문명 통일이 옵니다. 괴질이 창궐할 때 사람을 살려내는 상제님의 조화 법방法方이 있습니다. 증산도의 도통道統, 종통宗統의 상징이기도 한 의통을 전수받아야 합니다.

개벽으로 열리는 상생의 새 문명

가을개벽은 실제적으로 가을의 추살秋殺 기운이 오는 것입니다. 우주의 법칙은 '춘생추살春生秋殺'입니다. 춘생春生, 봄은 낳고 하장夏長, 여름은 기릅니다. 그리고 가을에 봄여름의 생장 기운을 뽑아서 열매를 맺습니다. 봄여름의 생장, 가을의 염斂, 추수를 거쳐서 겨울에는 문을 닫습니다. 봄이 다시 열리면서 인간과 생명이 태어나고, 그것이 자라는 여름이 지나고 나서, 가을이 되면 한 번 확 거듭니다. 이 생장염장生長斂藏의 도는 우주 자연의 법칙입니다.

앞으로 선천 상극의 원한, 인류 고금 역사 과정에서 쌓인 천고千古의 원한이 총체적으로 터집니다. 원한과 추살 기운이 하나가 되어 터지는 이름을 알 수 없는 병이 들어옵니다. 이 괴병이 오기 전에 시두時痘가 먼저 옵니다. 증산 상제님께서는 "만일 시두가 대발하거든 병겁이 날 줄 알아라."(『道典』7:63), "시두의 때를 당하면 태을주를 읽어야 살 수 있느니라."(『道典』11:264)라고 하셨습니다.

인류는 개벽의 실제 상황에서 여러 가지 크고 작은 병란을 극복해야 합니다. 그래서 개벽은 의통이고, 의통은 통일입니다. 완전한 통일이라는 것은 핵폭탄의 위협 같은 상극 질서를 가지고는 안 되는 것입니다. 그런 통일은 없는 것입니다. 서울을 불바다로 만든다고 통일이 되는 게 아니라는 말입니다. 그건 공멸일 뿐입니다. 그래서 상생으로 가야 하는데, 여기에는 상제님의 여러 가지 조화 도수 세계가 있습니다.

천지의 질서가 여름에서 가을로 넘어갈 때는 자연개벽을 통해서 음력과 양력이 하나가 됩니다. 음력·양력이 따로 없고 하나가 되는 겁니다. 1년이 360일이 되는 것입니다. 상제님의 새 세상에는 천지 개벽으로 정역正易이 이루어진다는 것입니다.

이때 지구에 일시적인 큰 변화가 있습니다. 이런 변화를 상징적으로 보여주는 영화도 있습니다. 최근에 샌프란시스코 남부 한 지역에 지진 기운이 너무 밀집되어서, 앞으로 여기에 대지진이 온다고 미국 지질학자들이 선언[17]했습니다.

그것이 〈샌 안드레아스San Andreas〉(2015)라는 영화로 나왔는데 미국에서 가장 거대한 댐인 후버 댐이 무너지는 영화 장면이 나옵니다. 그리고 〈해운대〉(2009)라는 영화에서 보듯이 앞으로 부산에도 쓰나미 사태가 일어날 것이라 예측할 수 있어요. 그 충격을 수십 배 능가할 대지진이 이 샌프란시스코 남부에서 일어날 것이라고 경고되고 있습니다. 엘에이와 샌프란시스코는 언제 한쪽이 불바다가 될지 모른다는 것입니다.

일본 열도는 지각 변동이나 대지진 문제가 있다고 합니다. 제가 수십 년간 답사를 해 보니까 많은 새로운 증언들이 나옵니다. 『도전』에 이런 말씀이 있습니다. "부산은 백지白紙 석 장이 뜨느니라."（『道典』 11:263) 이 말씀의 뜻은 무엇일까요? 우리가 한번 깊이 생각해 볼 필요가 있습니다. 또 "동래울산東萊蔚山이 흐느적흐느적 사국四國 강산이

---

17) 2010년 미국 지질조사국(USGS)의 브라이언 애트워터Bryan Atwater 교수는 미국 서부의 대지진 위험성을 지적했다. "다음 지진이 일어난다면 언제 발생하느냐의 문제다."라고 했다.

콩 튀듯 한다."(『道典』5:405)라는 상제님 말씀도 있습니다. 고리 원자력 발전소가 동래, 울산 가까이 있습니다.

자연개벽의 과정에서 지진이 됐든, 화산폭발이 됐든, 쓰나미가 됐든, 원자력 발전소의 손상이 됐든, 어떤 엑스 이벤트가 터지면 그 순간에 그 경계에 있는 사람은 개벽을 당하는 것입니다. 조금 전에 샌프란시스코 남부, 저 후버 댐이 터질 때 큰 도회지가 넘어가는 것을 보았는데, 영화 장면처럼 그렇게 죽는다면 비록 영혼이 소멸되지 않는다 하더라도, 말할 수 없는 큰 상처를 입어서 신명 세계에서 정상

생활을 할 수가 없을 것입니다. 그런 죽음을 당한다면 그 영혼도 소멸될 수 있다고 봅니다. 우리가 가을 우주를 맞이하면서, 지구촌 형제들의 삶과 죽음, 영광과 좌절에 대해서 다시 한 번 깊이 성찰해 보셨으면 합니다.

✦ 인존 인간으로서 가을개벽을 대비해야

마지막으로 인간개벽은, 인간이 어떻게 새로워질 수 있느냐 하는 것입니다. 앞으로 문명의 새로운 전환과 진정한 새 문명의 탄생뿐 아니라, 자연 질서의 전환이 일어납니다. 여름에서 가을로 넘어가면서 우주 질서가 바뀝니다. 어떤 개벽이 온다 할지라도 우리 인간은 그 모든 걸 극복해야 합니다. 3대 개벽 가운데서 최종적인 주제는 바로 인간개벽입니다. 내가 어떻게 변화할 것인가? 증산 상제님은 이렇게 선언하셨습니다.

> 천존天尊과 지존地尊보다 인존人尊이 크니
> 이제는 인존시대니라.
> 사람이 천지대세를 바로잡느니라.
>
> 『道典』2:22

후천 가을은, 사람이 하늘의 질서를 바로잡고 땅의 질서를 바로잡고 온 우주의 질서를 바로 세우는 때입니다. 이제는 인간이 하느님이나 천사, 신보다도, 어머니 지구의 생명보다도, 이 천지보다도 더 존귀하다는 것입니다. 인간은 천지의 꿈을 완성하기 때문에, 천지 우주의 완성자이기 때문에, 그렇게 숭고한 존재이기 때문에 상제님이 직접 오셔서 "이제는 인존시대니라."(『道典』 2:22)라고 말씀하신 것입니다.

후천은 선천과는 다릅니다. 하늘만 쳐다보고 하느님 아버지만 찾는 선천, 다시 말해서 닫혀 있는 우주의 인간 세상과 확연히 다른 것입니다. 이제는 인간이 청년기를 넘어서 장년기로 들어섭니다. 성장 시기, 십대 청소년기와 같은 시절이 아니라는 것입니다. 이제 성숙한 인간이 살아갈 새 역사의 문을 활짝 열어야 하는 가을 개벽기를 맞이했습니다.

✦ 천지조화 태을주 수행법

그러면 온 우주에서 가장 존귀하다는 인존으로서 어떻게 가을개벽을 준비할 것인가? 그 길이 바로 천주님의 조화세계를 열어 나가는 천지조화 태을주 수행법입니다.

왜 도를 닦아야 하는가? 도를 닦는 자와 도를 닦지 않는 자는 어떻게 다른가? "도道를 잘 닦는 자는 그 정혼精魂이 굳게 뭉쳐서 죽어서 천상에 올라가 영원히 흩어지지 아니하나"(『道典』 9:76)라는 말씀에서 알 수 있듯이 도를 잘 닦으면 영원히 산다는 말입니다. 도를 닦지 않는 자는 그냥 먹고 싶은 것 먹고, 자기 하고 싶은 대로 살다가 죽습니다. 우선 살기는 편할 것입니다. 그렇지만 "도를 닦지 않는 자는 정혼이 흩어져서 연기와 같이 사라지느니라."(『道典』9:76)라는 말씀과 같이, 도를 안 닦으면 그 영체가 흩어져 버립니다. 천상 신명계에서 5백년, 천 년 또는 몇 천 년 살다가 한순간에 탁 흩어져서 소멸됩니다.

우리가 가을로 넘어가기 위한 수행법이 따로 있습니다. 전통적으로는 몸을 움직이지 않고 허리를 딱 펴고 엉덩이를 좀 뒤로 빼고, 허리띠 끄르고 눈을 지그시 감고서 잡념을 싹 버리고 천지와 한마음이 되어 주문을 읽습니다. 이것을 정공靜功이라 합니다. 또 걸어 다니면서 일하면서 몸을 움직이면서, 마음속으로 읽거나 소리를 내어 주문을 읽는 것을 동공動功이라 합니다. 정공은 주문을 소리내어 읽는 것이 보통이지만, 가족이 잘 때는 귀에 들릴 정도로 속삭이듯이 묵송默誦하기도 합니다. 동공은, 자연에 몸을 맡기고 주문을 읽는 것입니다. 때로는 피곤하고 잡념이 생기고 몸이 울결됩니다. 그때 팔을 흔들거나, 척추나 목을 움직일 수도 있습니다.

최근에 미래학자 패트리셔 에버딘Patricia Aburdene이 『Mega Trends 2010』에서 "인류의 미래 산업은 영성산업이다. 영성이 발달한 사람이 지도자가 될 것이다."라고 했습니다. 영성이 밝지 못하면 앞으로 가을 우주 문명의 지도자가 되지 못합니다.

뉴욕 같은 데에도 여러 단체에서 영성 문화 시범을 보여주고, 청년, 장년들이 낮에도 대형 사무실에서 메디테이션meditation을 하는 것을 우리가 쉽게 볼 수 있습니다. 패트리샤 캐링톤Patricia Carrington이라는 여성은 "수행 중에는 숙면을 취할 때와 마찬가지로 심장 박동이 느려진다. 수행 중에는 산소 소모도 급격하게 저하된다."(『The Book of Meditation』)라고 했습니다. 그러니까 수행을 하면 오래 사는 것입니다. 심장 박동 수는 제한이 있습니다. '몇 천만 번을 뛴다, 일억 번을 뛴다'고 하는데 그 수가 다해서 박동이 끊어지면 죽는 것입니다.

우리가 호흡을 자연스럽게 하면서 '훔치훔치 태을천상원군 훔리치야도래 훔리함리사파하'라는 가을 천지의 조화 노래 태을주를 읽으면 빠른 시간에 잡념이 멈춰서 고요해지고, 우주의 적멸寂滅을 체득합니다. 심장이 뻐근하고 피로한 사람은 호흡을 따라서 묵송을 하면 심장이 고요해집니다. 그래서 심장병 환자에게도 아주 좋습니다. 소모되는 산소량이 적어져서 심신 불안, 불면증도 낫습니다. 주문을 소리 내어 읽으면 위장병이 제일 먼저 낫습니다. 몸을 움직이면서 시천주 주문과 태을주를 읽었더니 큰 변화가 일어났다는 사례가 있습니다.

하지만 천지의 조화를 받는 것을 관념적이라 보고 과연 믿을 수 있을까 하고 의심하는 사람도 있습니다. 수행은 자기가 몸으로 직접 체험해 봐야 합니다. 누가 내 밥을 대신 먹어 주지는 못합니다. 공기도 직접 내 코로, 폐로 마셔서 생명활동을 하듯이, 수행이라는 것도 절대로 다른 사람이 해 줄 수 없는 것입니다. 반드시 직접 틀고 앉아서 또는 몸을 움직이면서 정공과 동공을 해 봐야 합니다.

✦ 정공과 동공을 함께

인간은 낮에는 태양 아래서 열심히 일하고, 밤에는 음기를 타고서 쉬어야 합니다. 그래서 동정유상動靜有常이라는 말이 있습니다. 동정動靜은 자연의 영원한 법칙입니다. 이것을 깨면 병들고 죽는 것입니다. 증산도 수행법은 정공과 동공을 함께 합니다. 정공을 하다가도 졸리고 피로하면 동공을 좀 하다가 또 정공으로 오기도 합니다. 동공을 할 때는 집중적으로 한 30분씩 몸을 힘차게 흔들기도 하고, 일어나서 하기도 합니다. 이것은 천지의 춤을 추면서 천지의 노래를 부르는 것입니다. 북소리에 맞춰서 몸을 가볍게 몇 번 두드리면서 '지기금지원위대강 지기금지원위대강 지기금지원위대강…'을 읽습니다. 몸을 움직이면서 의기를 강하게 발산시킵니다. 나의 의지와 결단을 천지와 더불어서 한마음으로 고동치게 합니다. '지기금지원위대강'을 아주 빨리 읽으면 온 우주의 주인, 천주님이 그 소리를 듣습니다. 이 소리는 온 우주에 메아리치는 것입니다.

요즘 음악 전문가들이 뇌의 변화를 밝히는 최신 실험 결과를 냈습니다. 그동안 좌뇌, 우뇌가 각기 다른 특성이 있다고 했습니다. 그런데 이 실험 결과는 이러한 이분법적 공식을 깨뜨렸습니다. '좌뇌는 언어, 우뇌는 감성'이 아니라는 것입니다. 우리가 음악을 듣거나, 천지의 노래, 주문을 읽으면 뇌 전체가 반응합니다. 내가 생각으로 어떤 음악을 연주하거나 마음속으로 주문을 읽어도 뇌의 반응은 똑같다고 합니다.

그리고 우주의 불이 들어오는 조그만 송과체松果體[18]가 우리의 머리 안에 있습니다. '제3의 눈'이라는 이 송과체에 불이 들어와야 합니다. 우리 몸에는 뉴런이라는 신경 덩어리가 1천억 개 있는데 여기에서 뻗은 도로가 1만 개씩 있습니다. 비유컨대 1천억 개 도시가 있으면 그 도시에서 뻗은 도로가 1만 개씩 있는 것과 같습니다.

미국 MIT에서 연구하는 유명한 한국인 교수가 머릿속에 있는 우주의 뇌 지도를 그리려 하는데, 이것이 제대로 나오면 앞으로 인류의 진정한 새 문명을 여는 데 일조一助가 될 것입니다.

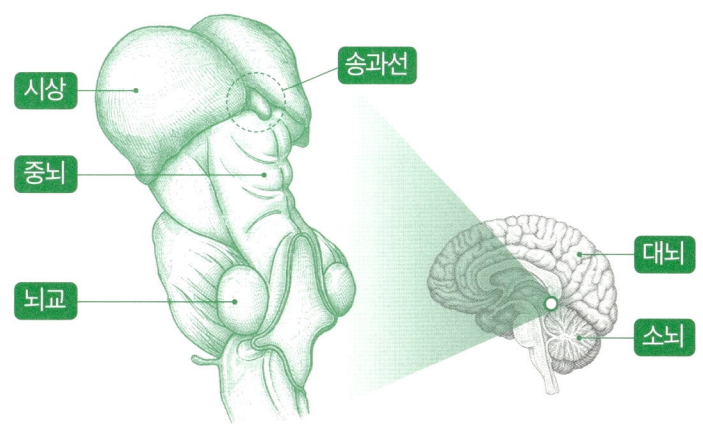

---

18) 송과체, 즉 솔방울샘은 머리의 가운데에 위치한 솔방울 모양의 내분비기관으로 멜라토닌을 만들고 분비한다. 송과체의 지름은 약 12mm이고 무게는 약 100mg이라 한다.

✦ 주문을 읽으면 모든 기도를 성취한다

왜 가을철에는 천지의 우주 조화를 받는 태을주를 읽어야 하는가? 우선 주문이라는 것은 무엇인가? 주문은 언어 문화의 근원이면서 깨달음의 진리 암호문입니다. 궁극의 구도는 그 모든 기도를 성취하는 주문을 읽는 것입니다. 주문을 통해서 크고 작은 기도를 성취하는 것입니다. 태을주는 가을 천지의 무궁한 조화 기운을 받아 내리는 우주 원어로 되어 있습니다. 태을주를 보면 '훔치훔치 태을천상원군'에서 훔과 치가 두 번씩 들어 있습니다. 그리고 '태을천상원군'에서 알 수 있듯이 이 우주에는 태을천太乙天이라는 하늘이 있습니다. 이것은 우주 궁극의 비밀입니다. 이제 가을 우주 개벽기에 이 태을천의 도가 나오기 시작합니다. 9천 년 전에 이미 「천부경」에서 '천일天一, 지일地一, 태일太一'이 나왔습니다. 인간은 어떻게 천지 우주와 하나가 될 수 있는가? 모든 인간은 우주 율려의 무궁한 조화 성령을 받아서 우주 인간太一으로 거듭 태어납니다. 우리가 태을주를 읽으면 우주 광명이 열려 나오는 것을 체험할 수 있습니다. 동서의 하느님 문화 가운데 도교에서 태을신太乙神을 조금 알았고, 불교에서 아주 큰 도통을 한 사람들이 치성광여래熾盛光如來를 탱화로 그렸습니다. 태을천 상원군上元君님의 세계를 알았던 것입니다.

'훔치훔치 태을천상원군 훔리치야도래 훔리함리사파하', 태을천상원군님의 무궁한 천지조화가 '도래都來', 내 몸과 하나가 될 것을, 꼭 그렇게 될 것을 '사파하', 믿는다는 것입니다. '훔'은 대우주의 조

화 성령의 근원입니다. 불교의 팔만대장경을 한 글자로 뭉치면 훔이
라는 것입니다. 일본에서 쿠카이空海(774~845) 스님이 천여 년 전에 훔
자의 비밀을 나름대로 정의[19]했습니다. 일본의 제왕과 지금의 정치
인들, 예전의 쇼군들, 성공한 사람들이 쿠카이 스님이 묻힌 곳에 함
께 묻히기를 원한다고 했습니다. 일본에서 이처럼 가장 존경받는,
'우주 조화의 바다'를 뜻하는 법명을 가진 쿠카이 스님이 『훔자의吽
字義』라는 만고불변의 고전을 낸 것입니다.

> ### 훔은 모든 하늘의 총종자總種字(씨앗문자)
> 김승동 「불교·인도사상사전」

　우리는 '훔치훔치'가 들어있는 태을주를 읽어야 앞으로 오는 가을
개벽기에 살아남을 수 있습니다. "내가 이 세상의 모든 악기운을 태
을주에 붙여 놓았나니 만병통치 태을주니라."(『道典』3:313)라는 상제님
말씀이 있습니다. 이 태을주를 잘 읽으면 엄청난 기운을 받습니다.
천지에서 불덩어리가 떨어지는 것을 직접 본 사람도 있고, 조상신들
이 자신의 옆에 와서 같이 주문 읽는 것을 본 사람도 있고, 별의별 사
람이 있습니다. 우리가 앞으로 다 함께 한마음으로 태을주를 읽어서
그런 체험을 하면 좋겠습니다.

---

19)　훔자吽字는 법신法身, 보신報身, 응신應身, 화신化身이라는 사신四身을 모두 갖추고 있다. 훔자吽字는
　　일체의 법을 내포하고 있는 것이다.

✦ 역사 틀을 바로 세우고 새로운 문명시대를 열자

우리가 어떤 종교를 믿든, 종교를 믿지 않는 과학주의자가 됐든, 지구촌 형제로서 문화 장벽을 의식하지 않고 무슨 이야기든지 들을 수 있는 마음을 가지면 누구든지 천지조화의 태을주, 근대 새 역사의 출발점, 가을 우주가 열린다는 진정한 새 역사 선언, 그 한 소식을 들을 수 있습니다. 천주님이 직접 동방 땅에 오신다는 것, 그 아버지 천주의 본래 호칭이 삼신상제님이고 그걸 줄여서 상제님이라 한다는 것도 알 수 있습니다. 이제 선천 상극의 우주 질서가 닫히면서 가을의 상생의 새 역사가 활짝 열립니다. 가을 우주가 열리는 동시에 진정으로 인류가 한마음, 한 형제로 총체적으로 거듭 태어나는 가을 개벽, 문명과 자연과 인간이 새로 태어나는 후천개벽이 일어나는 것입니다. 9천 년 역사 문화의 주제는 천일, 지일, 태일입니다. 천지조화 태을주는 태일 인간이 되려는 꿈을 이룰 수 있게 합니다. 이 주문을 제대로 참마음으로 읽으면 우선 병이 없어집니다. 병이 신비스럽게 약화되고 건강해집니다. 체험한 사람들에게 들어보면 과장된 얘기가 아니라는 것을 압니다.

가을 우주가 열리면, 우리가 선천 봄여름에서 가을 우주 저쪽으로 넘어가면 인간이 어떻게 바뀌는가? 사람은 마음Mind과 몸Body과 영Spirit으로 구성되어 있습니다. 그 가운데 영靈이 열려서 아무리 먼 은하계, 우주라 해도 한순간에 연결됩니다. 9천 년 이래 가장 영광스러운 의식儀式, 우주의 통치자 삼신상제님을 왕과 백성들이 모시는 천제天祭 문화가 대한제국 말까지 있었습니다. 9천 년 신교문화가 참동학 증산도를 통해 부활해서 지금까지 지속되고 있습니다. 바로 그 상제님이 이 세상에 오셨기 때문입니다.

우주의 무궁한 조화공부법은 태을주를 읽는 것입니다. 태을주를 잘 읽으면 조화기운을 받아내리고, 우주의 만병萬病을 꺾습니다. 읽으면 읽을수록 수명이 늘어납니다. 태을주를 염념불망念念不忘, 꿈속에서도 읽으면 우주의 참모습이 보입니다.

태을주

훔 치 훔 치 태 을 천 상 원 군 훔 리 치 야 도 래 훔 리 함 리 사 파 하
吽哆吽哆 太乙天 上元君 吽哩哆哪都來 吽哩喊哩 娑婆詞

앞으로야 인존시대가 되면 사람이 어떻게 바뀔까요? 『코스모스 Cosmos』의 저자 칼 세이건Carl Edward Sagan(1934~1996)이 쓴 원작 소설을 영화화한 「콘택트Contact」(1997)에서는 조디 포스터Jodie Foster가 손으로 우주 은하를 만지는 장면이 나옵니다. 우리가 앞으로 체험할 것을 미리 보여주는 것 같습니다. 가을 우주 시대가 되면 인간이 우주의식으로 살면서 우주를 손에 넣고, 우주를 인간의 마음속에 담고 사는 열린 우주 사회로 들어가게 됩니다.

✦ 가을 우주를 향해 가는 삶

우리에게는 신성한 의지의 결단이 필요합니다. '나는 가을 우주를

향해 가는 삶을 살 것인가?' 한 시대가 닫히고 새 우주가 열리는 변화는 우주적이기 때문에, 희생이 따를 수밖에 없습니다. 어떤 지역에는 그 변화가 너무도 거세게 올 수 있습니다. 한반도는 지구의 중심축이어서 비교적 변화가 작겠지만, 큰 지진은 언제든지 올 수 있습니다. 우리나라의 동남방東南方 해변도 앞으로 지축 변화가 일어날 때 일본의 거대한 변화에 영향을 받을 수 있기 때문에 항상 깨어 있어야 합니다. 우리는 우주의 가을철을 맞이하여 오늘 이 순간부터 성성히 깨어나서 새로운 문명을 열 준비를 철저히 해야 합니다.

가을 천지를 받는 강령降靈 주문 '지기금지원위대강至氣今至願爲大降'에서 이를 지至 자는 무엇을 뜻하는가? 상제님께서 말씀하시기를 "지왈천지화복지至曰天地禍福至요 기왈천지화복기氣曰天地禍福氣요."(『道典』7:69)라고 하셨습니다. 그러니까 깨어 있는 사람에게는 천지의 복 기운이 내리고, 천지 이법을 부정하고 변화에 관심이 없는 사람은 말할 수 없는 천지의 큰 화를 당한다는 것입니다.

우리는 깨어 있는가, 무관심한가? 열려 있는가, 닫혀 있는가? 여기에서 우리가 희망찬 내일의 역사를 선택할 수도 있고, 그렇게 하지 못할 수도 있습니다. 상제님께서 "남모르는 공부를 하여 두라."(『道典』6:72) 하시고 "살릴 생生 자 공부가 으뜸이니라."라고 말씀하셨습니다. 지금 가을개벽을 앞두고 지구촌 인류가 철부지로 살고 있습니다. 천지의 때가 봄인지 가을인지, 여름인지 겨울인지 모르고 있습니다. 동서의 어떤 사상가도, 문화 비평가도, 미래학자도, 종교 지도자도,

정치 지도자도 천지의 때를 모르면 철부지 인생인 것입니다.

가을 문화의 진정한 새 소식 선언, "무극대운 닥친 줄을 너희 어찌 알까 보냐."라는 최수운 대신사의 선언이 나온 지 벌써 160년이 넘었습니다. 상제님이 오신다는 소식, 천주님의 강세소식을 우리가 좀 더 긍정적인 눈으로 진실하게 보아야 합니다. 오늘 참석하신 모든 분이 역사와 문화를 사랑하는 마음으로 동학의 꿈을 이루는 증산도의 진리를 실제로 공부해서 상제님의 5만 년 새 역사 설계도인 천지공사를 성취하는 자랑스러운 주역, 진정한 큰 주인공이 되시기를 축원합니다.

신神의 조화를 부르는 두 주문
시천주주侍天主呪와 태을주太乙呪

오늘날 인류는 눈부신 기계문명의 정점에 서 있다. 그러나 역설적으로 대자연과 인간의 몸은 깊이 병들어 가고 있다. 지금은 선천 봄·여름 우주가 끝나고 성숙과 통일의 가을 우주로 넘어가는 **가을 대개벽기**이다. 인류는 '각자도생各自圖生'을 도모해야 할 절박한 문턱에 이르렀다. 과학기술은 삶의 편의를 줄 수 있지만 생명의 근원적 위기를 해결하지는 못한다. 인류가 찾아야 할 생존의 길은 인간 내면에 잠재한 근원적 생명력을 깨우는 데 있다.

이 시대에 깨어나야 할 능력이 바로 원형지능Archetypal Intelligence이다. 원형지능은 인공지능Artificial Intelligence을 넘어 인간 내면에 잠재한 무변광대한 빛의 지능이다. 우주 생명의 근원에는 음양을 작동시키는 **율려律呂**라는 신성한 파동이 흐른다. 인간은 이 파동과 하나 될 때 생명의 힘과 영적 능력이 깨어난다. 이 율려의 조화 기운을 직접 받아들이는 수행의 핵심이 바로 **시천주주侍天主呪와 태을주太乙呪**이다.

시천주주는 천지의 주재자이신 상제님과 태모님을 모시는 주문이다. 이 주문은 천지의 바탕 주문이며 인간이 우주의 정신과 하나 되는 수행의 근본이다. 그래서 시천주주를 일심으로 읽으면 천지의 조화권이 발동되어 우주의 정신 기운이 내 몸에 깃든다.

태을주는 우주 삼신 조물주의 빛 기운을 받아들이는 주문이다. 태을주는 생명의 근원 주문이며 만병통치의 여의주이다. 이 주문은 인간의 혼백을 맑히고 생명력을 되살리며 개벽기의 병란에서 인간을 살리는 구원의 주문이다.

우주와 인간은 본래 **정精·신神·혼魂·백魄·의意**라는 다섯 가지 영성 요소로 연

결되어 있다. 시천주주 수행으로 우주의 정신精神을 세우고 태을주 수행으로 우주의 혼백魂魄을 채울 때 인간의 순수 의식인 뜻意이 열린다. 그때 인간은 우주의 마음과 하나 된다.

시천주주와 태을주 수행은 모든 난관을 넘어서는 생존 수행이며 조화 도통 수행의 근본 법방이다. 나아가 우주 율려의 조화 빛꽃인 율려화律呂花를 받아 내 몸에 우주의 정신과 혼백을 온전히 채운다.

증산도의 수행법은 2만 2천 년 전 인류 최초의 신선 수행 문화를 연 마고 문명에서 시작되어 환국·배달·단군조선으로 이어진 인류의 원형 수행이다. 이 수행은 단순히 오래 사는 길이 아니라 내면의 어둠과 트라우마를 정화하고 몸과 영체를 광명의 생명으로 변화시키는 근원 수행이다.

이 두 신의 조화 주문을 마음 깊이 송주誦呪할 때 인간은 개인의 치유를 넘어 가을 우주의 새 문명을 여는 주체로 거듭난다. 기후 변화와 전쟁 그리고 장차 닥칠 괴질 대병겁大病劫이라는 큰 위기를 넘어 인류가 후천 신선의 삶, 곧 빛의 인간으로 태어나는 길이 바로 여기에 있다. 증산도 STB상생방송은 우주의 참모습과 진리의 실상, 인간 삶의 목적과 미래의 희망을 전하기 위해 매일 안경전 종도사님과 함께하는 수행 프로그램을 방영하고 있다.

 지천태地天泰괘는 하늘과 땅의 기운이 서로 조화롭게 만나 만물이 소통하고 번창하는 '태평성대'를 의미한다.

개벽문화 북 콘서트 ✦ 부산편

개벽으로 열리는
상생의 새 문명

발 행 일 2026년 4월 10일 초판 발행
펴 낸 곳 상생출판
저   자 안경전
발 행 인 안경전
　　　　　　 대전광역시 중구 선화서로 29번길 36(선화동)
　　　　　　 Tel.070-8644-3156 **Fax.**0303-0799-1735
　　　　　　 www.sangsaengbooks.co.kr
디 자 인 이선아, 조민수
출판등록 2005년 3월 11일(제175호)

ISBN 979-11-91329-63-6
ISBN 979-11-90133-91-3(세트)